朝鮮王朝「儀軌」百年の流転

ＮＨＫ取材班　編著

NHK出版

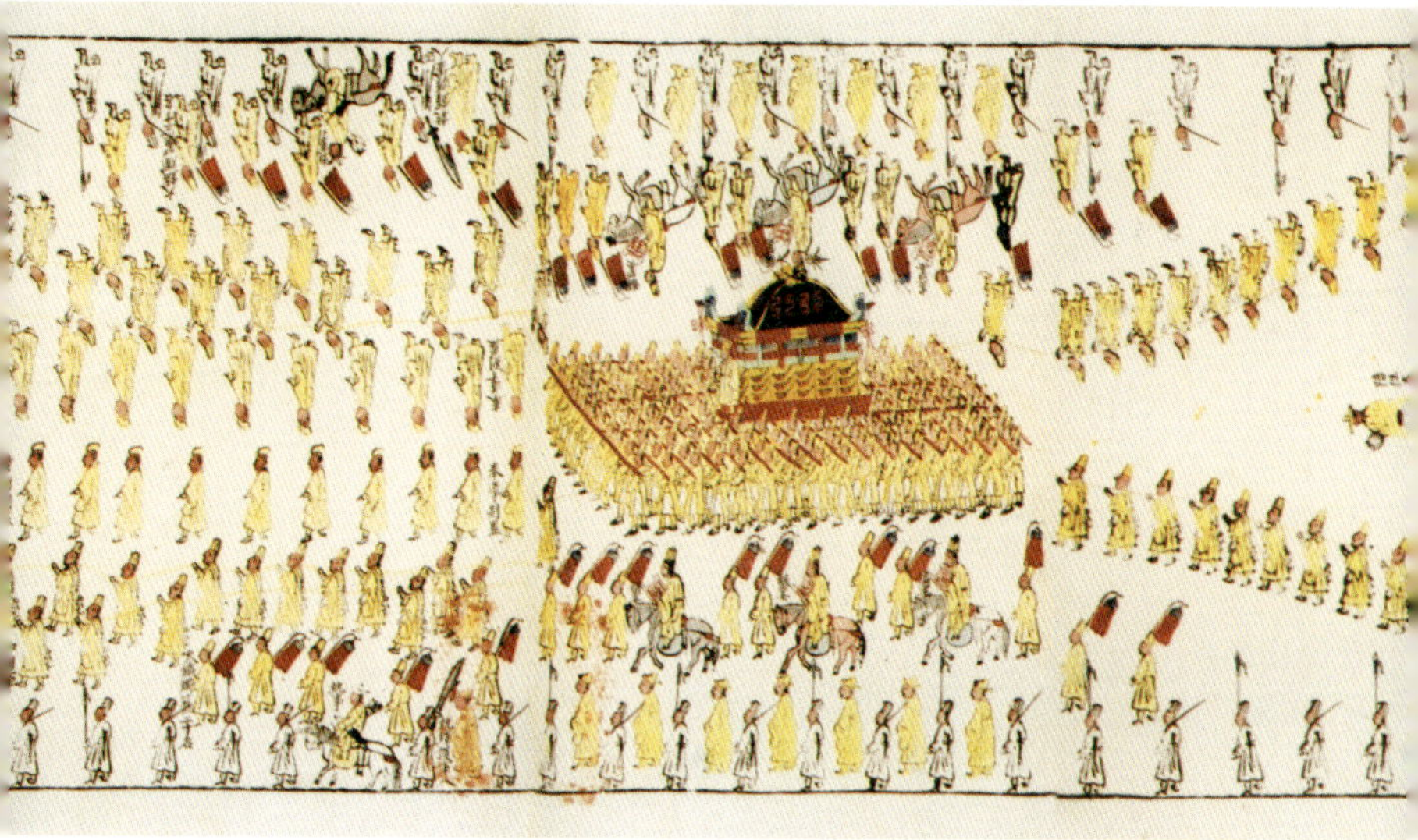

朝鮮王朝にまつわる儀礼を詳細に絵と文字で記録した「朝鮮王朝儀軌」。この儀軌では、第25代王・哲宗（チョルジョン）（在位1849～63）の亡骸が、輿に納められ2000人の隊列によって王陵へと運ばれていく様子が、74ページ、延べ25メートルにわたって詳細に描かれている。「哲宗大王国葬都監儀軌」より　※CG処理により複数にわたるページをつなげたもの

「哲宗大王国葬都監儀軌」の表紙。この儀軌は分上用（複数の場所で分けて保管するためのもの）で、絹で包まれた御覧用（王が閲覧するためのもの）とは異なり、表紙は麻布で包まれている（上下ともに／宮内庁書陵部所蔵）

1796年、第22代王・正祖（チョンジョ）によって造られた水原華城の正門・長安門。当時の先進技術を結集した軍事要塞でもあった。多くが破壊されていたが、上の「華城城役儀軌」に城壁の設計、資材の入手先、用途など、建設にかかわるすべてが絵とともに記録されていたおかげで、当時の姿そのままに復元することができた。1997年に世界文化遺産に登録された（儀軌は共にソウル大学奎章閣所蔵）

「華城城役儀軌」より、東北角楼（訪花随柳亭）。華城の中でも景観のよい場所であるため、休息の場であると同時に軍事指揮所でもあった。儀軌の右ページには絵が、左ページには設計などが詳細に解説されている

（東北角楼の写真提供：韓国観光公社）

ソウル大学奎章閣に保管されている儀軌。奎章閣は元々、朝鮮王朝第22代王の正祖が昌徳宮に建築した学術機関

表紙には絹を、用紙には最高級の韓紙「草注紙」を使用した、美しい装丁の御覧用儀軌。この儀軌には、「景慕宮」（正祖の父・思悼世子の祠）で行われた祭礼儀式の様子が記録されている

菊をかたどった、真鍮の留め具
（このページすべてソウル大学奎章閣所蔵）

1866年に江華島の外奎章閣からフランスによって持ち出されて以来、145年ぶりに祖国に戻った儀軌。2011年７月～9月にソウルの国立中央博物館にて展示され、多くの人が訪れた

展示された儀軌。国葬の行列が描かれている

2011年6月、フランスからの図書返還を祝う式典がソウル市内の景福宮で行われた
（写真提供：共同通信社）

朝鮮王朝の李王家。左から2番目が第27代君主の純宗（スンジョン）、
中央が第26代の高宗（コジョン）。純宗と高宗の間に見えるのは高
宗の子・李垠（イ・ウン）、手前はその妹の徳恵（トッケ）

結婚して2年後の李垠とその妻・
梨本宮方子（写真提供：朝日新聞社）

世界文化遺産で昌徳宮の敷地内にある楽善斎。方子が晩年を過ごした

高宗と高宗の后・明成皇后の陵である洪陵（ホンヌン）。高宗は大韓帝国の皇帝の位についていたため、その他の朝鮮王陵と異なり、中国・明の皇帝陵の様式に従って作られている
（写真提供：上・右／韓国観光公社）

旧李王家第30代当主・李源（イ・ウォン）氏。高宗のひ孫にあたる。
2010年10月に行われた明成皇后忌辰祭にて

日本統治時代に利川（イチョン）市から日本へ運び出された石塔の返還を
求めて、利川市民は仏教行事タプトリを「紙の塔」によって行った

朝鮮総督だった長谷川好道
が地元岩国に贈った六角亭

朝鮮の文化財、三国時代「太環式耳飾」

三国時代「透彫冠帽」

（共に東京国立博物館蔵　Image:TNM Image Archives Source: http://TnmArchives.jp/）

朝鮮王朝「儀軌」百年の流転

はじめに

ソウルの中心部、高層ビルの谷間を縫うように流れる小川、清渓川《チョンゲチョン》。開発に伴って一度は埋め立てられたが、李明博《イ・ミョンバク》大統領が二〇〇五年、ソウル市長時代に復元し、市民の新たな憩いの場になっている。この清渓川の石垣に、朝鮮王朝時代の行事を記録した「朝鮮王朝儀軌」の代表的な作品が描かれている。朝鮮王朝第二十二代の王・正祖《チョンジョ》大王が無念の死を遂げた父・思悼世子《サドセジャ》の墓参りをしたときの様子を記録した「正祖大王陵行班次図」だ。正祖は、千七百七十九人の随行員と七百七十九頭の馬を伴い、八日間かけて、ソウル近郊の水原《スウォン》に移した父の墓をお参りした。その壮大な行列の絵が、高さ二メートルあまり、長さ一八六メートルにわたって描かれている。この墓参りは、正祖大王の一生を描いたテレビドラマ「イ・サン」でも再現されている。ドラマでは、水原の華城《ファソン》で執り行われた行事を、色彩豊かな絵として「儀軌」に残した王宮の絵描きたちにもスポットをあてている。彼らが残した記録のおかげで、朝鮮王朝時代の宮廷文化は、いまなお現代に蘇えることができるのだ。

朝鮮王朝は、一九一〇年の日本による韓国併合と共に、五百年あまりに及ぶ歴史に終止符を打ち、消滅した。「日鮮融和」を掲げる日本は、韓国最後の皇太子・李垠《イ・ウン》に日本の皇室から梨本宮方子《まさこ》王女を嫁がせ、朝鮮への支配、統治を強めていった。日本の敗戦後は、李垠は王族としての身分も、日本の国籍も失った。一方韓国からは、裏切りもの扱いされ、長らく帰国することさえも許されず、その運命は最後まで歴史に翻弄された。植民地時代に日本に持ち運ばれた「儀軌」も意外な形で「日鮮融和」に活用された。詳細は本文に譲るとして、日本側から見ればその目的はあくまで朝鮮との融和にあったとはいえ、王宮の絵描きたちは、まさか自分たちの残した絵がこのような形で利用されるとは思わなかったであろう。

その韓国併合から百年にあたる二〇一〇年、日本側には、韓国国内で過去の歴史を振り返る動きが活発になり、反日感情が高まるのではないかという懸念があった。この年、NHKは韓国の公共放送KBSと共同で初めて世論調査を行った結果、日本で韓国に好感を持つ人が六二パーセントだったのに対して、韓国では日本に好感を持つ人が二八パーセントにとどまった。さらに「相手の国で思い浮かぶ人物はだれか」について尋ねたところ、日本では、テレビドラマ「冬のソナタ」の主人公を演じたペ・ヨンジュンさんが一位だったのに対して、韓国では、日本による朝鮮支配が強まった時代に初代韓国統監をつとめた伊藤博文だった。この世論調査の結果は、私自身にとっても、やや意外だった。韓国と関わって二十年近くがたつが、日本に対する感情は確実に良くなっていると感じていたからだ。韓国では九〇年代半ばまで、バスや地下鉄のなかで日本語を話せば周りから白い目で見られ、屋台で酒を飲みながら友人と日本語で話していると、どこからか焼酎の瓶が飛んできた。それが「韓流ブーム」などの影響でいまや韓国を訪れる日本人は、年間三百万人を超えている。街中に日本語があふれ、周りから聞こえてくる日本語にいちいち目くじらを立てる韓国人はもはやいない。さらに韓国は、世界的な金融危機からいち早く経済を立ち直らせ、先進国の仲間入りをしようとしている。自信を持った韓国に日本に対する劣等感はなくなり、対等なパートナーとして日本を見るようになった。東日本大震災でも、世界に先駆けて日本に救助隊を送り、過去最高の義援金が日本に送られた。もはや過去の問題は乗り越えられたと思っていたのだが……。

結論から言えばそうではなかった。過去に対するこだわりは、いまなお韓国側に根強く残っている。韓国国内で集められていた東日本大震災の義援金も、日本の中学で翌年春から使う教科書の検定内容が三月末に公表されると、とたんに募金のペースが鈍くなる。多くの中学の教科書が、日本と韓国が共に領有権を主張する竹島（韓国名は独島《トク》）を日本の「固有の領土」と明記したからである。なぜ領土問題が。それは韓国でこの問題が、単なる領土問題にとどまらず、植民地支配の過程で島を奪われたとする歴史認識の問題と密接に絡んでいるからだ。多くの韓国人は、竹島の領有権を認めれば、再び日本に侵略の口実を与えると考えているのだ。

このように日韓関係は、ことあるごとに過去の問題が浮かび上がり、これまで一進一退を繰り返してきた。ただ私なりに分析すれば、十歩進んで九歩下がる、少しずつだが確実に前進している。韓国併合から百年たった二〇一〇年、日本は菅総理大臣（当時）の談話を通じて、植民地時代に日本に渡った「儀軌」を韓国側に引き渡すことを約束した。これが韓国側にどの程度評価されたのか、正確なところはわからない。ただこの年、韓国国内で心配されていた日本に対する抗議活動はほとんど見られなかった。過去を乗り越え、日韓はどのように信頼関係を築いていくのか、本書は、「儀軌」を通じた和解への模索の記録である。

二〇一一年八月

NHKソウル支局長　伊藤良司

朝鮮王朝「儀軌」百年の流転——目次

装丁・本文設計―沼田美奈子
カバー写真―宮内庁書陵部所蔵「哲宗大王国葬都監儀軌」
（CG処理により複数にわたるページをつなげたもの）
編集協力―猪熊良子　NHKアート
DTP制作―NOAH
CG制作―タニスタ

第一章

朝鮮王朝の貴重な記録「儀軌」

併合百年の夏、突然の引き渡し表明

「日本政府が保管している『朝鮮王朝儀軌』等の朝鮮半島由来の貴重な図書について、韓国の人々の期待に応えて近くこれらをお渡ししたいと思います」

二〇一〇年八月一〇日。菅直人総理大臣（当時）が発表した「内閣総理大臣談話」のなかで、ある文化遺産が韓国に引き渡されることが突然表明された。

日本が朝鮮半島を植民地支配した一九一〇年の「韓国併合」から百年という歴史的な節目の年に、「痛切な反省と心からのお詫びの気持ちを表明」し、「これからの百年を見据え、未来志向の日韓関係を構築」するとの考えからだという。

「チョウセンオウチョウギキって何？　どんなものなの？」

職場の同僚たちから次々と問い合わせの電話がかかってきた。

2010年11月、図書の引き渡しに関する「日韓図書協定」に署名した、韓国の李明博大統領と菅直人総理大臣（当時）（写真提供：読売新聞社）

「朝鮮王朝儀軌」はそれまで、日本では韓国研究者の間でもほとんど知られていなかった。それが、にわかに脚光を浴びることになったのだ。

「朝鮮王朝儀軌」は、朝鮮半島を五百年以上にわたり統治した李王朝が、婚礼や葬儀、賓客を迎えての宴会などの主要な儀式や築城の模様などを、文字だけでなく詳細な図入りで記した貴重な記録である。

このとき、既に私たちは「朝鮮王朝儀軌」について韓国への返還の可能性を見据えて、取材を進めていた。しかし、政府の引き渡し表明は予想外の早さであった。

なぜ、研究者の間でも知られていない、いわば無名の「儀軌」を、韓国併合百年という重要な節目に、日本から韓国に引き渡すことになったのか？

そこには、儀軌が辿った数奇な運命と、儀軌をとりまく日韓の複雑な百年の歴史があった。

知られざる秘宝

儀軌が日本にあることを私たちが初めて知ったのは、二〇〇九年暮れのことであった。

「皇居のなかに、朝鮮王朝の貴重な記録があることをご存じですか？」

文化遺産の専門家の言葉に、息をのんだ。

当時、私たちは、世界各地に点在する文化遺産の流転の歴史と、その文化遺産をめぐって繰り広げられる攻防を取材しようとしていた。

専門家は続けた。

「しかも、ある時代のものがまとまってあるらしいのですが……」

「一体なぜ朝鮮王朝の記録が日本の皇居にあるのですか？」

思わず尋ねると、専門家もその理由はわからないという。

翌二〇一〇年は、韓国併合から百年目にあたる節目の年だ。その幕開けは目前に迫っていた。朝鮮王朝の記録が日本に渡った背景を辿っていくと、まだ私たちが知らない日韓の歴史が見えてくるのではないか。素朴な疑問から取材は始まることになった。

専門家の言う「貴重な記録」こそが、「朝鮮王朝儀軌」であった。早速、儀軌に関する文献を探してみるが、いっこうに見あたらない。

韓国研究の専門家に次々と連絡を取り、儀軌がなぜ皇居にあるのかを聞いていった。しかし、その理由はわからないという。それだけでなく、儀軌を実際に見たことのある人は、研究者の間でもほとんどいないことがわかってきた。

一体どういうことなのか？　なぜこれほどまでに知られていないのか？　途方に暮れているところに、意外な動きが海外から飛び込んできた。

二〇一〇年四月はじめの昼下がり。皇居のお堀沿いに植えられた桜は満開を迎えていた。うららかな春の日差しに誘われて、大勢の人たちが花見がてらのそぞろ歩きをするなかに、一風変わった集団が現れた。黒いスーツを着込んだ二十人ほどの男性たち、その先頭には灰色の作務衣を着た僧侶と、鮮やかな緑色のチマチョゴリを着た女性の姿がある。

一行は、桜を愛でることもなく、何かを急ぐように、北の丸公園にほど近い北桔橋門《きたはねばし》からまっすぐ皇居へと消えて行った。

彼らは、韓国与野党の国会議員と仏教の曹渓宗の関係者で作る「朝鮮王室儀軌還収委員会」のメンバーたち。この日の朝、ソウルから到着したばかりだった。彼らの訪日の目的は、皇居に保管されている「朝鮮王朝儀軌」を自らの目で確かめることであった。

一時間半後、皇居から出てきた一行は、興奮気味に語り出した。

「すばらしかったです。保存状態も非常にいい」「儀軌は私たちにとって民族文化のアイデンティティーを象徴するものです。是非ともこの節目の年に故郷に帰ってきてほしい。そこから日韓の新しい関係が始まると思います」

実物を目にして、その帰還を一層望むようになったという一行は、二日後、外務省を訪れ、「朝鮮王朝儀軌」の韓国への返還を求める要望書を担当官に手渡した。

帝国主義時代の文化遺産をめぐる世界の動き

この同じ日、日本から九六〇〇キロ離れたエジプトの首都カイロに、一人の韓国人が降り立った。日本の文化庁にあたる、韓国文化財庁国際局の李京薫《イ・ギョンフン》局長だ。

このとき、カイロでは、ある国際会議が行われていた。

「文化財の保護と返還のための国際会議」。帝国主義の時代に、国外に持ち出された貴重な文化遺産を祖国に取り戻そうと、文化財の「原産国」など二十五か国が初めて一堂に会したのだ。主催国であるエジプトの呼びかけに、インド、中国といった四大文明発祥地の国々や、ギリシャ、ペルー、メキシコなど、古代文明の栄えた地域を持つ国々が駆けつけた。そのなかに、韓国代表・李局長の姿もあった。

二日間の会議で、参加各国は文化遺産の返還を一致団結して国際社会に訴えていくことを決議、呼びかけ人のエジプト考古最高評議会のザヒ・ハワス事務局長は高らかに宣言した。

「私たちは初めて結束したのです。互いに助け合い、流出した文化遺産を取り戻しましょう！」

会議では、それぞれの国が最優先で返還を求める文化遺産を「Wish List」（要求リスト）として挙げた。エジプトは大英博物館に所蔵されている古代エジプト文字解読の手がかりとなったロゼッタストーンを、ギリシャは同じく大英博物館にあるパルテノン神殿の大理石の彫刻を、ペルーは米エール大学の博物館にあるマチュピチュ遺跡の出土品などをリストに挙げた。いずれも、それぞれの国の象徴ともいえる代表的な文化遺産だ。

そんななか韓国は、インドや中国と共に、この場でのリスト化を見送り、本国に持ち帰って後日提出するとした。

「何をリストに挙げる予定ですか？」

私たちの取材に、韓国代表の李局長は、こう答えた。

「日本政府が所蔵している朝鮮王朝の記録『朝鮮王朝儀軌』です。日本政府が協力してくれることを望みます」

韓国が、「民族文化のアイデンティティーの象徴」として何よりも取り戻したい文化遺産だとする「朝鮮王朝儀軌」とは、一体どんなものなのだろうか。

「皇室の文庫」宮内庁書陵部

私たちは「朝鮮王朝儀軌」が保管されている宮内庁書陵部を訪れた。「皇室の文庫《ふみくら》」と称される書陵部には、皇室に伝来した図書や皇室に関する記録など、およそ四十五万点が保管されている。その内訳は、奈良時代の仏教典や、平安時代以降写し伝えられてきた『日本書紀』や『源氏物語』、『古今和歌集』などの書物、「五箇条御誓文」など古代から近世にいたるまで皇室に伝えられてきた四十万点を超える貴重な図書や文書のほか、明治以降に作成された皇室の活動の記録五万点あまりである。

意外なところでは、幕末の志士・坂本龍馬の手による「薩長同盟裏書」などもある。慶応二（一八六六）年、薩摩藩の西郷隆盛と長州藩の桂小五郎が「薩長同盟」を結ぶ際に立ち会った坂本龍馬が、後日、同盟を確かなものにするために書いたものだという。

モダンなデザインの書陵部には、高さ一〇メートルはあろうかという堅固な造りの書庫が二棟ある。そこでは空調を一切使わず、天候の変化に応じて、微妙な窓の開け閉めや採光の調整など自然の力だけによって、書庫の温度や湿度を管理している。もちろん、東京電力福島第一原発の事故による電力不足が原因ではない。万一、停電が起きれば、その瞬間に、そして復旧の際にも急激な温度や湿度の変化が生じ、貴重な資料に悪影響を与えてしまうため、熟練の職人たちが長年続けてきていることだという。
その厳重に管理される書庫のなかでも、特に重要な記録を保管している「貴重書庫」に、「朝鮮王朝儀軌」は所蔵されていた。

色鮮やかな王朝絵巻との出会い

最初に私たちが見た儀軌のひとつ「嘉禮都監儀軌」は、縦四五センチ、横三二センチの上下二巻。運搬用の台車から閲覧用の机に移そうとすると、ずしりと重く、両手でしっかりと抱えないと運べないほどだ。

えんじ色と薄茶色の中間のような色合いの麻布製の表紙に、黒い筆文字で「同治五年丙寅三月　五臺山上　嘉禮都監儀軌」と力強く書かれている。一八六六年に行われた朝鮮王朝第二十六代王・高宗《コジョン》とその妃・明成《ミョンソン》皇后の結婚式を記録した儀軌である。右側の綴じの部分は、鉄製の細長い板と、これも鉄製の頑丈な留め具で止められている。その真ん中に、丸い輪がひとつついている。これは後に知ったことだが、朝鮮王朝では儀軌を湿気から守るために、吊り下げて保管していたためだという。

表紙には、「朝鮮総督府」と書かれた六センチ×四・五センチの白い紙製の図書整理用ラベルが貼ってある。そこには、五桁の通し番号がふってある。朝鮮総督府は一九一〇年、韓国を併合した日本が朝鮮に設けた統治機関である。

儀軌を傷つけないように細心の注意を払いながら、そっと表紙を開いてみると、しっかりとした厚手の紙に、丁寧な手書きの筆文字の漢字がびっしりと綴られている。大量の記録ゆえ、途中で何度も書き手が変わっているらしく、書道の手本のように端正で美しい文字のところもあれば、個性的な力強い文字のところもある。

それぞれの儀式について、準備段階から日時を追って詳細に手順が書かれ、担当ごとに関わった人たち全員の名前が記され、儀式にかかった費用、使用した材料などが記されている。例えば、この「嘉禮都監儀軌」では、結婚式の際に新郎である国王が新婦となる王妃と共に座った玉座について、その形や色、それを作るのに用いた木材や布、金の飾りのサイズや分量などが、詳細に綴られている。

そして、なんといっても圧巻なのは、色鮮やかに描かれた隊列図である。

例えば「哲宗大王国葬都監儀軌」（口絵参照）というおよそ百五十年前に行われた王の葬儀の儀軌は全四巻。そのなかには、王宮から陵墓までの道のりを歩いたおよそ二千人の葬列の模様が七四ページにわたって詳細に描かれている。試しにすべてを一枚につなぎ合わせてみると、その長さは二五メートルにも及ぶ。

そこには、護衛のための大勢の兵士の姿や、王様の愛馬を模して竹と紙で作られた巨大な馬の飾り物「竹鞍馬」、香炉を運ぶ係、種類も色も様々な旗を掲げる係などの姿が続く。

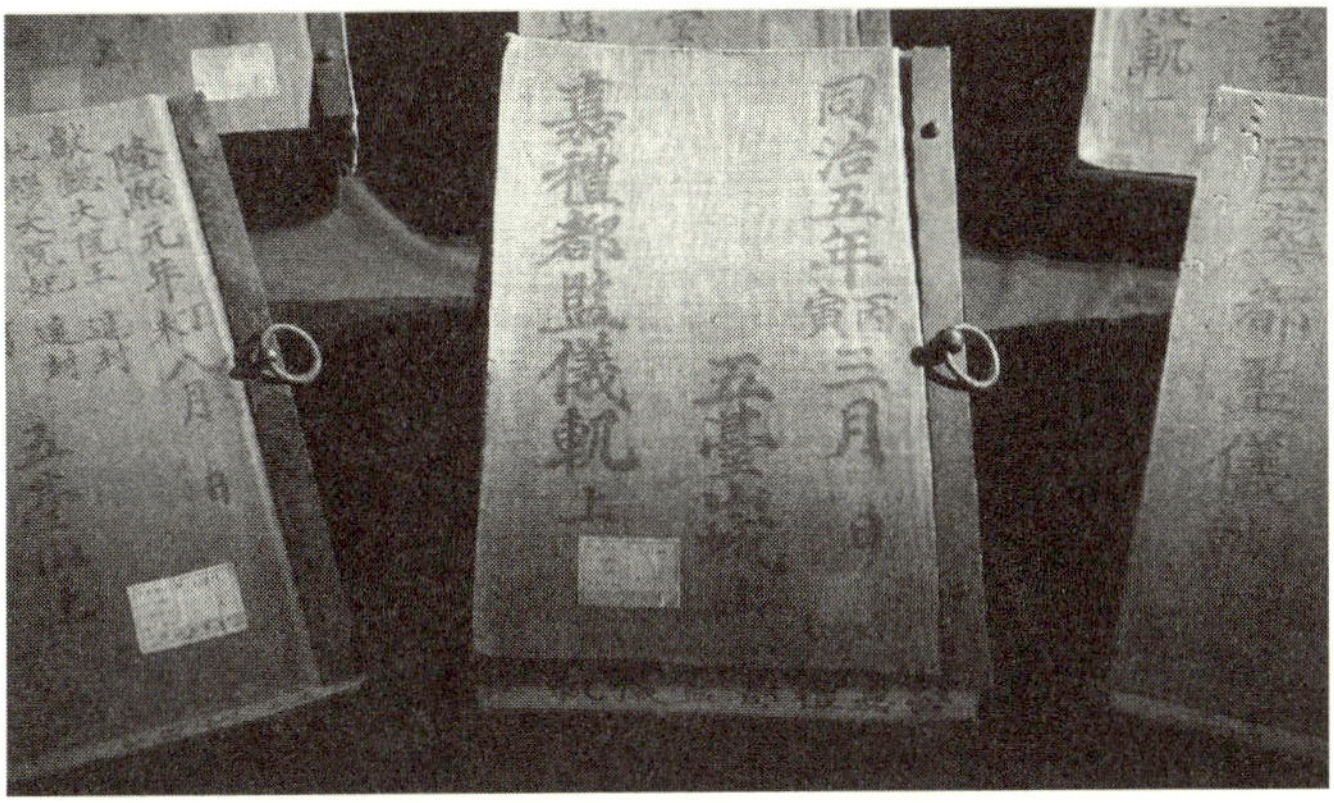

国王または王世子の婚礼を取り仕切った部署の記録「嘉禮都監儀軌」
（宮内庁書陵部所蔵）

なかでも、ひときわ目を惹くのは、黄色い装束に身を包んだ何百人もの人々が描かれているページだ。その中心にあるのは、国王の亡骸が納められた御輿である。輿に結びつけられた綱を引く人、輿を担ぐ大勢の人々、周囲を守る人々、それぞれ役割ごとに人数も含めて詳細に描かれている。更に、王の御輿については、精巧に作られたその細部が、別のページに色使いや細かい図柄まで、より一層詳しく描かれている。

これがあれば、朝鮮王朝の複雑な儀式が一目でつぶさにわかる。日本では類を見ない王朝絵巻である。

儀軌の巻末には、この儀軌の製作に携わった人たちの名前がずらりと並んでいる。まるで映画のエンドロールのようだ。そして、最終ページには、「大正11年5月　朝鮮総督府寄贈」という赤い印が押してある。この色鮮やかで日本にはない儀軌を、朝鮮総督府が「貴重品」として皇室に献上したということであろうか。

宮内庁書陵部には、八十一種類百六十七冊の儀軌がある。一冊ずつ、その実物を確認していると、五百年にわたって行事を行い、それを記録してきた朝鮮王朝の何千何百という人々の熱意と苦労がしのばれた。「民族のアイデンティティーの象徴」と韓国の人たちが言うのも理解できる。そのように貴重な記録がなぜ日本に、しかも皇居にあるのか。宮内庁書陵部の担当者に尋ねてみても、「詳しいことはわかっていない」という。

深まる一方の謎を前に、私たちは手がかりを求めて、「朝鮮王朝儀軌」があった韓国へ向かうことにした。

朝鮮王朝・記録文化の華「儀軌」

取材を始めるまで、私たちは「儀軌」という言葉を耳にしたこともなく、もちろん知識もなかった。「儀軌」が「儀式の軌（規）範」という意味だと知ったのは、国立ソウル大学奎章閣《キュジャンガク》韓国学研究院で、姜文植《カン・ムンシク》博士に話を伺ったときだ。「朝鮮王朝儀軌」は現在、奎章閣のほかに韓国学中央研究院（旧・精神文化研究院）にも保管されているが、かつての王立図書館としての歴史を持つ奎章閣が、最も多くの儀軌（およそ五百四十種、二千九百冊）を所蔵している。

歴史上、時には必要以上ともいえるほど様々な記録を残している日本とは対照的に、韓国は

ソウル大学・姜文植博士

それほど記録を残すことに熱心ではないという漠然とした印象があった。かつて韓国の大学院で歴史を研究した際、韓国人研究者の間で古文書の不在や不正確さを嘆く声がよくあがっていたという記憶が、そうした印象のもとになっていた。ところが、儀軌を紐解いていくうちに、朝鮮王朝はまさに「記録の王国」と呼ぶにふさわしい、実に緻密かつ正確、そして華麗な記録を残した王朝だったことを見せつけられた。

「朝鮮王朝儀軌」は、王朝の主要かつ重要な行事、すなわち、結婚式（嘉礼）、国葬などの葬礼、築城などの建築、中国との朝貢関係を維持する冊封《さくほう》などについての記録である。これらの行事は、一度行ったらおしまいという一過性のものではなく、朝鮮王朝が続く限り延々と繰り返される。未来永劫かどうかはともかく、王朝が長きにわたって継続するという前提のもと、次に同じ行事を行う際に参考にするために書かれたものだ。儀軌には、行事の準備過程、次第、行事の後の事務処理などが事細かに記録される。また、「朝鮮王朝実録」など、他の記録物と異なる儀軌の大きな特徴が「豊富な図解」だ。収められた図は、繊細な線だけで描かれたものから、華やかな色彩を誇る絵巻物のようなものまで実に多彩で、これを見れば当時の風俗をうかがい知ることができる。

朝鮮王朝が「記録の王国」といわれる所以は、儀軌のほかにも、「朝鮮王朝実録」や「承政院日記」、「日省録」など、当時の様子がわかる貴重な記録が残されているからだが、儀軌の華やかな図解記録は、なかでもひときわ異彩を放っている。なぜこうした図入りのマニュアルのようなものが作られたのか。姜博士は、「試行錯誤による費用の無駄遣いを最小限にとどめ、円滑に行事を進めるため」と説明してくれた。確かに、このような詳細なマニュアルがあれば、誰が行事の担当官になろうとも、行事をイメージするのも容易なため、無駄な試行錯誤を避けることができるだろう。儀軌に見る記述の詳細さ、そして華麗でわかりやすい図解は、当時の記録技術の高さだけでなく、朝鮮王朝が「合理性」を意識していたことを示すともいえなくはないだろうか。

さて、当然のことながら、番組では「朝鮮王朝儀軌」を精緻に撮影することが求められた。なにせ事実上の「日本初公開」である。宮内庁書陵部にある儀軌にしても、ニュースの資料映像でしか見たことがない。ここはとにかく、手触り感のある、そして何よりも迫力のある儀軌の映像を是が非でも押さえておかなければならない。番組としては、韓国国内で最大の所蔵量

ソウル大学にある奎章閣。1776年、昌徳官に創設されたものを引き継いでいる

を誇る奎章閣である以上、大量に保管されている状態の映像がまずは必要と考えた。ところが、撮影許可はなかなかおりなかった。私たちの撮影申請に対して大学側は、「ユネスコの『記憶遺産』に登録される以前は奎章閣書庫に韓国のマスコミを入れたことがあるが、登録後は一切受け入れていない」とけんもほろろである。盧泰敦《ノ・テドン》館長は、私たちの意図は十分に理解するが、保存することが最優先の奎章閣としては公開するのは難しいとのことで、結局書庫内部での撮影は諦めざるを得なかった。

　ならば次善の策として、少しでも多くの儀軌を撮影用に外に出してもらうことを考えた。いわゆる「マス感（大量にあるイメージ）」を出すためである。これについては、当初「最大五冊まで」とされていたところを、一括撮影とは別に申請していた儀軌を含めて、結局八冊の儀軌を出してもらえることになった。

　撮影当日、奎章閣の職員が恭しくワゴンで儀軌を運び出してきた。その職員ですら、「こんなにたくさんの儀軌を一度に目にするのは初めて」と言うほど、撮影用に陳列した儀軌は壮観を呈した。儀軌の実物を前にしたとき、私たちは改めてその緻密さと華やかさに目を奪われた。特に、「御覧用」といわれる国王用に編まれた儀軌は、韓紙（日本の和紙にあたる韓国伝統の紙）のなかでも最高級の「草注紙」を用い、装幀には絹を使っている。綴るために打ち込まれた五本の真鍮の金具には菊がかたどられている。その質感はまさに豪華絢爛というにふさわしい（口絵参照）。

　儀軌は、まったく同じ内容のものが通常五部から九部作られた。そのうち一部は、先述した国王が〝ご覧になる〟「御覧用」、残りは「分上用」といって、儀礼を主管する礼曹、議政府などの官庁、および朝鮮時代に重要書籍を保管した「春秋館」などの書庫のほか、江華《カンファ》島にある「外奎章閣（鼎足《チョンジョク》山）」、五台《オデ》山、太白《テベク》山、赤裳山《チョクサン》の地方四か所に分散して保管された。万一焼失や盗難に遭っても、記録そのものを失わないための知恵である。「分上用」は、紙は「楮注紙」、装幀は「麻」で、「御覧用」との質感の違いは歴然としている。これらの儀軌はすべて筆写本、つまり手書きで作成された。この詳細な記録、そして図画をひとつひとつ描き上げるのは気の遠くなるような作業に思われたが、わずか数部の製作のために木版を作ったり、活字を組むのはかえって非効率だと姜博士に指摘され、なるほどと納得した。

　ただし、活版印刷のものも一部作られた。最初の「活字本」は、一七九五年、時の王・正祖《チョンジョ》が母親の恵慶宮洪《ヘギョングンホン》氏を連れて華城に赴いた際に、洪氏の還暦祝いに参列した人たちに配った

華城城役儀軌（ソウル大学奎章閣所蔵）

「園幸乙卯整理儀軌」である。この儀軌は、現在ユネスコの世界文化遺産にもなっている水原華城が建築の最終段階に入った頃に作られたもので、正祖と母親の洪氏が華城にとどまった際に何をしたのか、何があったのかが詳しく記録されている。そして華城建設の記録である「華城城役儀軌」（口絵参照）も、やはり活版印刷によるものだ。築城に関する儀軌だけに、作業に携わる多くの人が参照したものと思われ、サイズも他の儀軌にくらべ小ぶりで、まさに「マニュアル」というべき体裁であった。「活版印刷」の儀軌は、多くの人に配布されるような場合のみに製作されたため、特殊なケースだといえる。儀軌は基本的に手書きによって作られた「筆写本」なのだ。

　ところで「華城城役儀軌」は、先述のとおり、水原にある華城を建設する際に作られた記録であるが、その華城は日本統治時代に破損し、そして朝鮮戦争で大きく破壊された。韓国政府は一九七〇年代に入って城の復元に取り組んだが、その際に参照されたのがこの「華城城役儀軌」である。姜博士は、「最近実施した現地踏査でも、もとの華城といまの華城はどこが同じなのかではなく、どこが違うのかを探す方が難しいというほど、復元に絶大な威力を発揮した代物だった」として、儀軌の記録としての精密さに舌を巻いたという。

独特の図解による記録で、王朝絵巻としての華麗さを誇る「朝鮮王朝儀軌」。しかし、遺産というよりは文字通り現役の記録物としての価値が再評価されている。一部はフランスに、一部は日本に散逸していたこの朝鮮王朝記録文化の「華」は、いまようやく韓国への「帰還」が決まり、本来の姿を取り戻すことになったのである。

世界遺産の宝庫

日本で数年前に起こった韓流ブームは、いまやすっかり定着した感がある。なかでも幅広い年齢層から人気を得ているのは、朝鮮王朝時代にまつわるものである。Ｋ－ＰＯＰはちょっと……という年配の男性でも、朝鮮王朝が舞台の韓流ドラマにはハマっているという人は多いだろう。最初の大きな流れを作ったのは、紛れもなく「宮廷女官チャングムの誓い」であろう。このドラマは第九代成宗《ソンジョン》から第十三代明宗《ミョンジョン》までの時代が舞台である。その後も、第十一代中《チュン》宗《ジョン》の時代の「ファン・ジニ」、第二十二代正祖が主人公の「イ・サン」などの朝鮮王朝ものが、

華城の城壁

「韓国の大河ドラマ」として広く親しまれている。

　朝鮮王朝時代の文化は、世界的にも価値が認められ、次々とユネスコ世界遺産に認定されてきた。「イ・サン」こと正祖（在位一七七六〜一八〇〇）の行宮として一七九六年に完成した水原の華城もそのひとつである。正祖は親孝行の王として知られ、父である思悼世子の祭祀を行うため、父の陵に向かう際の宿泊用に華城を造ったといわれる。思悼世子は、父の英祖《ヨンジョ》によって米びつに閉じこめられたまま餓死したという悲劇の主である。正祖はこの事件に強い恨みを抱き、それが朝鮮王のなかで最も親思いの王といわれる行動に結びついたとされている。

　華城の建築には王朝の技術の粋が結集した。その象徴が城壁の建設に利用された大型機械「挙重機」である。これは、朝鮮時代最高の学者との呼び声高い丁若鏞《チョン・ヤギョン》が考案したものである。「築城エンジニア」として実質的に華城建築を主導したといっていい丁若鏞は、奇しくも思悼世子の悲劇が起きた一七六二年に生まれている。華城は一九九七年にユネスコ世界文化遺産に登録されたが、それは、丁若鏞らの知識と技術の集大成としての築城マニュアル「華城城役儀軌」に基づいて建築資材を調達し、規格を合わせ、全体を設計し、当時のままに再建できたことへの評価である。「儀軌」そのものも後にユネスコの記憶遺産になるのは繰り返すまでもない。

朝鮮王朝ゆかりの「世界遺産」はこれだけではない。

韓国で最も早く（一九九五年）世界文化遺産に登録されたのは、ソウルの中心に位置する王家の廟「宗廟《チョンミョ》」だ。朝鮮を建国した太祖・李成桂《イ・ソンゲ》は、漢陽（現在のソウル）に遷都した際、王宮を景福宮に定め、西に社稷壇《サジクタン》、東に宗廟を置いた。宗廟には太祖からさかのぼって四代前からの先祖が祀られた。社稷壇は土地と穀物の神を祀る祭壇である。つまり、宗廟と社稷壇は、朝鮮王が氏神たる祖先と自然神から統治の正統性を与えられることを意味する場所なのだ。宗廟の中央にある国宝・正殿には、四十九人の王と王妃の神位が祀られている。この建築物、そしてそこで行われる祭礼と、その際に用いられる音楽（宗廟祭礼楽）が、すべて世界遺産だ。

世界遺産登録にあたって評価されたのは、王朝の祭祀が当時のままに受け継がれているという点である。現在、「宗廟祭礼」は、旧王家を輩出した全州《チョンジュ》李氏の組織である全州李氏大同宗約院が中心となって毎年五月の第一日曜日に執り行われている。儒教の文化を大きく特徴付けるのが祭祀だが、朝鮮時代には春夏秋冬、そして陰暦の一二月と、実に年に五回もの祭礼を行

ユネスコ世界文化遺産にも登録された宗廟祭礼（写真提供：韓国観光公社）

っていたという。

全州李氏大同宗約院は、もうひとつの祭壇、社稷壇での祭礼も毎年続けている。後述するが、日本の植民地支配下で廃止された「社稷大祭」は、一九八八年のソウルオリンピックを機に復活を遂げ、二〇〇〇年には国の重要無形文化財に指定された。この大祭復活にあたって考証に用いられたのも、やはり「社稷署儀軌」をはじめとする儀軌だったのである。

観光地としても有名な、韓国南部、慶尚《キョンサン》北道にある安東河回《アンドンハフェ》村と慶州良洞《キョンジュヤンドン》村は、二〇一〇年に指定された韓国で最も新しい世界文化遺産である。河回村はイギリスのエリザベス女王が訪れたことでも知られる。河回村は豊山「柳《ユ》」氏が、良洞村は慶州「孫《ソン》」氏と驪《ヨ》江《ガン》「李《イ》」氏が、両班《ヤンバン》（朝鮮時代の支配階層）として存在した時代から五百年以上にわたっていまも暮らし続けている。両班文化が最も栄えた当時の住宅様式、書籍、伝統芸術などがそのまま保存され、豊かな自然も

王族の憩いの場だった秘苑（写真提供：韓国観光公社）

相まって、現地を訪れるとまさに朝鮮時代に紛れ込んだような感覚を覚える。

ソウルの真ん中にある王宮・景福宮《キョンボックン》の離宮として作られた昌徳宮《チャンドックン》は、歴代の王が最も好んだ王宮といわれている。豊臣秀吉の朝鮮出兵の際に一度焼失したが、その後いち早く復元され、景福宮に代わってメインの王宮の役割を長年果たした。観光客に景福宮よりも昌徳宮を勧める韓国の人は多い。その大きな理由は宮内にある庭園「秘苑《ピウォン》」の存在である。素朴で韓国的な趣のある庭園として人気のある秘苑を擁する昌徳宮は、ユネスコ世界文化遺産登録の際、「優れた建築と庭園デザインが自然と調和している」点を評価されている。

ところで、メインの王宮たる景福宮のど真ん中に朝鮮総督府が置かれたことはあまりにも有名だが、日本は昌徳宮のなかにも動物園や植物園を作り、市民も観覧できるようにした。大韓帝国最後の皇帝・純宗を

「慰めるため」と説明したとされるが、王宮の一部を破壊して動植物園を作った日本は、当時の朝鮮の民衆の目にどのように映ったのであろうか。

宗廟とならんで、祭祀を重要視した儒教の王朝の象徴が王陵である。朝鮮王陵は、漢陽（現在のソウル）を中心に半径四〇キロメートル以内の場所、かつ風水的に最適と考えられた位置に置かれた。現存する王陵は四十基。全州李氏大同宗約院は、それぞれの王陵でいまでも慰霊祭を執り行っている。儒教的伝統に基づいた景観、そして祭祀がいまも継続し保存されている点が、朝鮮王陵の二〇〇九年の世界文化遺産登録に結実した。

建築物を中心とした朝鮮王朝ゆかりのものだけでも、韓国にはこれほどの世界遺産がある。このほか、儀軌と同じくユネスコの「記憶遺産」としては、「朝鮮王朝実録」や「承政院日記」、東洋医学書として知られる「東醫寶鑑（東医宝鑑）」、さらにハングルそのものである「訓民正音」などがある。このように見た場合、韓国人のアイデンティティーは何かと問われると、外国人の私たちには、五百年の長きにわたって朝鮮を統治した朝鮮王朝の文化にその一端を見出せるように思われる。

朝鮮王朝は、長い朝鮮半島の歴史のなかで、儒教文化の本家たる中国よりも、儒教に厳格かつ忠実であろうとした。世界遺産登録に際しては、伝統の保存と継承が評価のポイントだが、それを可能ならしめたものこそが「朝鮮王朝儀軌」であった。「朝鮮王朝儀軌」の学問的な価値は、十七、十八世紀に世界の半分以上を版図としたとされる儒教文化の何たるかを最も正確に記録している点にある。このような儒教文化の記録は中国にも存在しない。このことこそが、儀軌が朝鮮王朝のみならず「世界の遺産」たる本質なのである。

いま韓国で、朝鮮王朝の文化は、ドラマや映画を通じて、世界に向けられた文化コンテンツとして認識されている。韓流ドラマで日本でも身近になった朝鮮王朝の文化。世界に誇るその文化が、どう発展、継承され、そして最後にはどうなったのか。すべての儀軌が韓国に戻ってくることになったいま、そのことに思いを馳せる想像力が日本人に求められていると思われてならない。

（天川恵美子／木村洋一郎）

第二章

日韓皇室融合の思惑

日韓皇室初の「政略結婚」

朝鮮王朝で極めて厳重に管理されていた儀軌が、なぜ日本に渡ったのか？

その答えを探す手がかりとして、私たちはまず、儀軌が宮内省（現在の宮内庁）に寄贈された大正一一（一九二二）年頃に、日韓の間で何があったのかを見ていくことにした。

すると、気になる出来事があった。儀軌が宮内省に渡る二年前の一九二〇年四月に、朝鮮王朝最後の皇太子・李垠《イ・ウン》と、日本の皇族・梨本宮方子妃が結婚している。

朝鮮王朝第二十八代にして大韓帝国最後の皇太子・李垠は、韓国併合に先立つ一九〇七年、初代朝鮮統監・伊藤博文に連れられ、日本に留学する。李垠は当時十歳。日本式の教育を徹底することがその目的であったという。

そして九年後の一九一六年八月、李垠の婚約が報じられる。その相手が、梨本宮方子であっ

李垠と方子の婚約について報じる当時の新聞記事（朝日新聞社提供）

た。

　方子の自伝『流れのままに』によると、方子は自身の婚約を新聞記事で知ったという。戸惑う方子に母・伊都子は言ったという。「国と国との大きな問題で、大役のことだからと、ずいぶんご辞退申し上げたのだけれど、『日鮮の結びがひとしお固くなり、一般人民の手本ともなる』との陛下のおぼしめしということで、やはりお受けせねばならなかったのです……」

　一方、李垠にも、朝鮮に、朝鮮王朝最後の王である父・高宗が百五十人あまりの候補者のなかから選んだ許嫁《いいなずけ》、閔甲完《ミン・カプワン》がいた。

　本人の意志とは関係なく、家同士で決められるのが当たり前の時代ではあったが、両人のあずかり知らないところで、日本の皇族と朝鮮の王族による結婚は決められていた。

　韓国併合によって、当時の朝鮮は日本の一部と見なされていたとはいえ、日本の皇室史上初の異民族との政略結婚であった。当時の新聞では、日本と朝鮮が一体となる「日鮮融和」「内鮮一体」の象徴ともてはやされた。

この結婚を決める経緯については諸説ある。

方子の母・伊都子の残した複数の日記やメモには、当時の宮内大臣・波多野敬直《よしなお》が「お国のため」として進めたものとも、梨本宮家が波多野宮内大臣に相談して、初代朝鮮総督・寺内正毅を介して進めたものとも書かれている。

当時の首相である原敬はこの結婚が行われた日の日記に、「朝鮮李王世子梨本宮女王と結婚成る。故伊藤公の苦心も現はれ地下に喜び居る事ならん。」（「原敬日記」一九二〇年四月二八日）と記している。日韓皇室を結びつける結婚は、そもそも李垠を日本に連れてきた伊藤博文の希望であったとも読み取れる記述である。

結婚の翌年には、二人の間に第一子の男児・晋《ジン》が生まれ、一九二二年四月二六日には、李垠一家は親子三人揃って朝鮮を訪れている。李垠の実家・李王家に初めて方子と晋を会わせるための帰郷であった。

朝鮮の李王家では、李垠の兄で朝鮮王朝第二十七代の純宗に子はなく、晋は将来、李王家を継ぐ重要な男児であった。しかし、朝鮮滞在の最終日である五月八日の夜、晋は急病となり三日後に死亡する。生後八か月であった。方子とその母・伊都子は、それぞれの日記や手記に、日本にも韓国にもこの結婚を好ましく思わない者があり、そうした勢力による毒殺ではないかとまで記している。

「何も罪もないのに、日本人の血がまじっているというただそのことのために、非業の死を遂げねばならなかった哀れな子……。（中略）なぜ私に向けてはくれなかったのか……。」（李方子『流れのままに』）

「帰国の前日にして、消化不良の自家中毒という電報ではありましたが、毒殺以外には考えられませんでした」（梨本伊都子『三代の天皇と私』）

李垠一家の後見人的役割として、朝鮮に同行した日本政府の高官・倉富勇三郎も、晋の急変に、「晋殿下の排洩物を分析するの必要ある」として、化学的な分析を命じたほどである。儀軌が当時の宮内省に寄贈されたのは、こうした日韓の緊張が極度に高まっていた一九二二年の同じ五月のことであった。

李王家とは何者か？

そもそも、日本の皇室と朝鮮王家の初めての政略結婚は、すんなりとは進まなかった。当時の皇室典範では、「皇族の婚嫁は同族又は勅旨に依り特に認許されたる華族に限る」とされている。

晋が亡くなる直前、朝鮮に里帰りしたときの李垠一家（写真提供：朝日新聞社）

つまり、皇族女子である方子の結婚相手は皇族か華族でしかならず、そのいずれでもない朝鮮王家には嫁ぐことができなかったのである。

李垠と方子の婚約報道の三か月後、宮内省内に天皇の名で「帝室制度審議会」が設置され、「帝室に関する重要法規を調査審議」することとなった。しかし、議論が紛糾する。

李垠をはじめとする朝鮮王朝の李王家について、「国法上の地位はどうなっているのか」「皇族と相互に結婚できるように規定するべきか」「皇族女子が婚嫁する場合のみ認めるべきか」。

李王家とは一体何者なのか？　韓国併合から六年も経て、改めて問われることとなったのだ。

韓国併合当初から、李王家をどう扱うかは日本政府にとって非常に重要な課題であった。韓国併合が「対等合併」なのか、「吸収合併」なのか、日韓それぞれの思惑があるなか、李王家の扱いはそれを如実に語ることになるからだ。
一九一〇年八月二九日、韓国併合のその日に、日本政府は明治天皇の名で詔書を発している。そのなかで、朝鮮王朝の李王家一族を「皇族の礼を以て」遇する、つまり、日本の皇族と同等に扱うとし、そのために「王族公族」という全く新しい身分を作り出している。そして、それまで宮内省で皇族や華族を担当していた爵位寮に代わり、王公族や朝鮮貴族も含めて担当する「宗秩寮」が設置された。更に、特に王公族の事務をつかさどるために「李王職」という新たな部署までが宮内省の一部局として設けられた。

このように、日本政府は、李王家の待遇については韓国併合に間に合うよう詔書で決めていたのだが、その法的地位については何も定めぬまま六年が過ぎていたのだ。

そこで一九一七年、帝室制度審議会の委員二名と宮内省の栗原廣太が朝鮮に派遣されている。栗原は韓国併合時に、李王家の処遇に関する詔書の起草にも加わっている。栗原の著書『明治の御宇』に興味深い記述がある。

「規定の如何は、朝鮮の統治上に、至大の影響を及ぼすものであるから、これが為には最も慎重の議をつくし、先づ舊韓国王室の典例慣行を精査して、起案の資料に供することとなり……李王職内の一室を事務所と定めて、日々調査に専念したのであった」

「典例慣行を精査」する調査はおよそ一か月にわたった。帰国後、提出された「李王家旧制調査報告書」を見ると、「婚姻」「冊封」「葬儀」「祭祀」など、儀軌に記されている内容と重なる部分が多数見受けられる。この調査の過程で、儀軌が注目されたのではないだろうか。

帝室制度審議会は、王公族は国法上の皇族に準ずると判断し、李垠と方子の結婚は皇室典範に違反しないとした。しかし、枢密院はこれに反対し、「王公族は皇族に準ずるものではない」、「婚姻のためには皇室典範を改正すべし」、と真っ向から対立する。当時の首相・原敬も、これが決まらなければ「朝鮮統治にも非常の困難を醸す事なるべし」と日記に記すほどの事態となる。

李王家とは一体何者なのか。日本のなかにどう位置付けるべきか。その模索と「朝鮮王朝儀軌」の宮内省への寄贈の間には、何らかの関係があるのではないかと推測された。

共同調査始まる

取材を進めるなか、韓国研究者からの紹介で辿り着いたのが、九州大学韓国研究センターであった。同センターは二〇〇〇年、日本の国立大学で初めて、韓国を専門に研究する機関として誕生した。

ここで、まず李王家に詳しい新城道彦助教に、そして、日韓の文化交流史と書誌に詳しいセンター長の松原孝俊教授と出会った。更に二人から、朝鮮総督府関連資料に詳しい佐賀大学文化教育学部の永島広紀准教授を紹介された。

それぞれ分野の異なる三人の専門家が、儀軌はなぜ日本の宮内庁に渡ったのか、共同で調査を進めることになった。

最初に会合にお邪魔したのは、二〇一〇年の八月一〇日。偶然にも当時の菅総理大臣が、宮内庁にある儀軌等を韓国に引き渡すと表明した日のことであった。これまで日本ではほとんど知られていなかった儀軌が、新聞やテレビのニュースで報じられ、にわかに脚光を浴びることとなる。その最中でのことであった。

「朝鮮王朝儀軌とは何か？　映像はないか？」「引き渡しについてのコメントを」など、それぞれに次々と電話がかかってきて、慌ただしい空気のなか、各自が持ち寄った儀軌の背景解明に関連しそうな資料をもとに、意見を交換。早速、調査に乗り出すことになった。

松原教授は、その意味をこう語った。

「儀軌とは何か、儀軌はなぜ日本に渡ったのか。何がその文化的な背景にあるのか、歴史的な背景にあるのか、僕らがすべきことはそれを解明することだと思います。そして、儀軌を通して新たな日韓関係ができてくることを私は望んでいます」

古書店で購入した資料

重要な手がかりは、意外なところにあった。

佐賀大学の永島准教授と共に向かったのは、佐賀県唐津市。中国の唐や朝鮮など海外を意味する「唐」への入り口「津」として古くから栄えた歴史からその名が付けられている。私たちが目指したのは、その唐津市の高台にある佐賀県立名護屋城博物館。一五九二年、豊臣秀吉の朝鮮出兵の際にその拠点として築かれ、NHKの大河ドラマ「江」にも登場した名護屋城跡の隣に建てられている。一帯が国指定の史跡となっており、どこまでも続く石垣の城壁などが、当時の面影を残している。博物館では、その由来から、日本と朝鮮半島の交流の歴史を調査・研究することに力を入れている。

この数か月前、所蔵資料の整理を手伝っていた永島准教授は、ふと一枚の文書が目にとまったという。それは、博物館が東京の古書店から購入した朝鮮総督府関連資料のなかにあった。古びた用紙に赤い罫線が入った原稿用紙。中央には、「朝鮮総督府」の文字が印刷されている。当時の総督府の官僚が作成した文書のオリジナルであった。

文書は、朝鮮総督府から宮内省に宛てたもので、件名には、「朝鮮図書無償譲与依頼ニ対スル回答」とある。内容は、「儀軌類の無償譲与の依頼について、それを了解する」というものであった。つまり、儀軌は、朝鮮総督府の発意で貴重品として皇室に献上したのではなく、宮内省から譲与の依頼を受けて、総督府が寄贈していたことが判明したのだ。

私たちは、その文書に記された日付に注目した。「大正九年十月八日起案」とある。宮内省に儀軌が寄贈されたのは、大正一一年五月であった。つまり、その二年も前から準備が進められていたということになる。

　更に、この文書にはもうひとつ意外なことが記してあった。

「李太王及李王時代ノ儀軌類」として、宮内省が必要とする儀軌の時代を具体的に指定していることがわかったのだ。

「李太王」とは、朝鮮王朝第二十六代君主の高宗を指し、「李王」とは、その息子で第二十七代君主の純宗を指す。

　高宗は、朝鮮国王（在位一八六三年〜一八九七年）であったが、日本やロシアなどが朝鮮への進出の機会を伺うなか、独立国家への道を探り、一八九七年、国号を「大韓帝国」と改め、朝鮮王朝で初めて「皇帝」に即位した。しかし、一九〇七年、第三次日韓協約の締結を受けて、退位を余儀なくされ、三年後の韓国併合で「徳寿宮李太王殿下」の称号を日本政府から与えられた。朝鮮王朝最後の国王である。

　純宗は、高宗の退位を受けて大韓帝国の第二代皇帝に即位。しかし韓国併合で「昌徳宮李王殿下」の称号を与えられた大韓帝国最後の皇帝である。

　いずれも、日本の朝鮮半島進出、そして韓国併合という百年後のいまも続く日韓の歴史の相克の起点に立ち会った君主である。

　なぜ、当時、宮内省は、この二人の君主の儀軌を必要としたのか。

　永島准教授は、「宮内省としても、この二人の儀式に関する資料を手元に置いておきたかったという、具体的な目的があったのだろうと推測されます」と言う。

その目的とは一体なんだろうか。

更に、文書には「別紙目録ノ通」儀軌を無償譲与するとある。しかし、「目録」は見当たらない。

今回見つかった文書は、宮内省からの依頼を総督府が了承するというものだ。この前後の文書を探し出せば、手がかりが見つかるかもしれない。私たちは朝鮮総督府関連の資料を探すことにした。

明らかになる総督府の「書籍整理事業」

秋晴れの空が美しい二〇一〇年九月末、九州大学の松原教授と佐賀大学の永島准教授と共に、私たちは韓国のソウル大学を訪れた。広々としたキャンパスを歩くこと一〇分。ようやく目指す中央図書館に到着した。上層階にあり、眺望のすばらしい「教授用閲覧室」で、私たちは資料調査を開始した。

日本が設けた統治機関・朝鮮総督府は、一九四五年の終戦でその役割を終えた。終戦間際、総督府では大量の資料が焼かれたが、焼失を免れた資料が、意外にもここソウル大学には数多く保管されている。

そのなかに「朝鮮総督府参事官室」の資料がある。目次には「図書寮へ移管ノ儀軌目録」という文字がある。丹念に見ていくと、一枚の黄ばんだ文書が見つかった。文書には題名も起案者も日付も、何もない。ただ「目録」とだけ書かれ、その下には「図書寮」の印が押されている。そしてズラリと儀軌の名前が並んでいる。数えてみると八十八部百七十九冊ある。儀軌の題名から、私たちはピンときた。これは皇居にある儀軌と関係があるに違いない、と。

早速、宮内庁にある儀軌の一覧と、この題名のない文書にある儀軌一覧をひとつひとつ照合してみると、ほぼ一致することがわかった。これこそ、名護屋城博物館にあった文書に記された「目録」に違いない。日韓に分かれて保管され、単体で見ると意味のわからない文書だが、その関連が初めてわかったのだ。しかし残念ながら、何のためにこれらの儀軌を必要としたのか、その理由が書かれた文書は見つからなかった。

更に、ソウル大学に所蔵されている記録から、朝鮮総督府が韓国併合の直後から行った大規模な「書籍整理事業」についてもわかってきた。併合翌年の一九一一年六月に起案された「書籍整理ニ関スル件」と書かれた記録がある。ここでは、「一、新築書庫ヲ本庫ト称シ朝鮮書庫ヲ東西南北ノ四庫ニ其他ノ建物ヲ別庫ト仮称ス」とあり、「西庫ニハ儀軌類ヲ整置ス」と記されている。つまり、儀軌専用の書庫も設けられていたらしい。そして二年後の一九一三年七月、総督府は、朝鮮各地の史庫に所蔵されている大量の書籍を京城（現在のソウル）に集め、二年

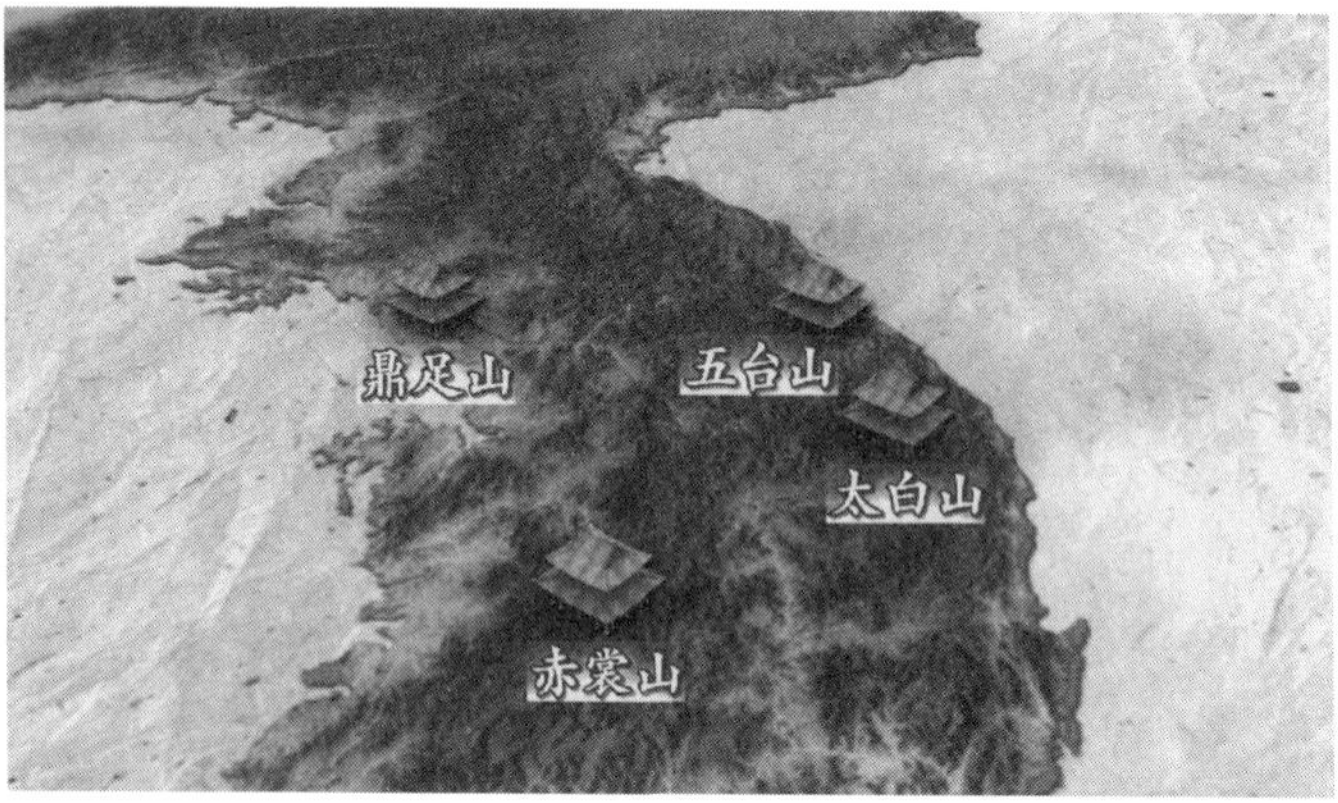

儀軌は四つの史庫に分けて保管されていた

がかりで分類整理を行っている。

記録には「五台山史庫ヨリ送付図書千二百十六部五千七百七十七冊」など、それぞれの史庫から大量の書籍を運び込んだことが詳しく記されている。

既に述べたように、儀軌は朝鮮王朝時代、紛失や焼失を防ぐために最初から複数冊作られ、別々の史庫に分けて保管されていたが、朝鮮総督府はそれをわざわざ一か所に集め、その全貌を把握しようとしていたようだ。

記録を読んでいた松原教授がつぶやいた。

「こうやって組織的に調査をしていたんだね」

永島准教授もうなずいて答えた。

「朝鮮王朝の持つ膨大な書籍のなかに何があるのか、併合と同時に把握しようとし始めた。つまり、まず真っ先に行ったのが図書整理だったということですね」

「記録の王国」と呼ばれる朝鮮王朝。日本政府は、その豊富な記録に注目し、そこから朝鮮の五百年の歴史や文化、社会などについて知り、朝鮮統治に生かそうとしていたと推測される。

注目されていた儀軌

ソウル大学に残る資料のなかには、当時の朝鮮総督・寺内正毅が儀軌を見たという記録があった。一九一四(大正三)年一〇月二七日のことである。「大正博覧会」を視察した寺内の「総督巡閲案内順路」には、「一、儀軌部冊数説明」「二、儀軌整理法説明」とある。展示場所は「第六書庫の南」とある。儀軌を並べて寺内総督に、儀軌が何冊あって、どうやって整理しているかを説明しているとは興味深い。永島准教授は言う。

「寺内はこういうものに非常に興味があったといわれているので、寺内の求めに応じて行ったのだと思います」

残念ながら寺内総督が儀軌にどんな印象を持ったのかは記されていない。しかし、この視察で、日本人にはなじみのなかった儀軌が、日本政府関係者に知られるきっかけとなったのではないか。

永島准教授はこう話す。

「時期的に考えて、可能性はありますね。儀軌は目立つものだったと思います。かなり大きなものですし、非常に見映えがいいですから」

松原教授が続けた。

「日本人には面白い資料だったと思います。ビジュアル資料であると同時に、李王家を知るために必要なものであると認識した可能性はありますね」

李垠と方子の結婚のため宮内省の栗原らが一九一七年に調査に訪れるより前に、寺内総督はじめ総督府の官僚が朝鮮には儀軌という記録がある、と注目していた可能性が浮かび上がってきた。

翌日、私たちは、同じソウル大学キャンパスにある奎章閣韓国学研究院に向かった。世界最多の三千冊近い儀軌を所蔵している場所だ。

ここにも、焼失を免れた朝鮮総督府の資料が保管されている。「起明治四十四年四月　図書関係書類綴　取調局」と書かれた資料のなかに、併合翌年に当時の宮内大臣・渡邉千秋が寺内総督に宛てた書簡が残されていた。

その内容は、初代朝鮮統監・伊藤博文が「日韓関係事項調査の資料に供する目的を以て」入手した朝鮮の書籍について、「帝室図書中へ編入いたしたく候」とある。その理由として、「王族公族の実録編集のことをも掌り候につき、これら編集上必要の参考書とも相成り、かつ従来、帝室図書中には未だ存在せざるものも多くあり」と書かれている。「実録」とは、日本や朝鮮で、歴代君主の治世を詳細に記した記録である。韓国併合によって王公族を担当することとなった宮内省が、その記録の編集にもあたることとなったので、参考資料として朝鮮の書籍を必要としていたのだ。この伊藤の書籍のなかには、儀軌は含まれていない。しかし、朝鮮総督府だけでなく、李王家の担当となった宮内省も、早い段階から「記録の王国」朝鮮王朝の様々な記録が参考になると見ていたことがわかってきた。

宮内庁の記録から

日韓両国に点在する当時の記録から少しずつ儀軌が日本に渡る背景が浮かび上がってきた。総督府と宮内省の間でやりとりした書簡は、現在の宮内庁にも残っているのではないか。名護屋城博物館にあった宮内省と総督府の「儀軌類無償譲与依頼」のやりとりが一九二〇年一〇月、そして宮内省に儀軌が実際に渡ったのが一九二二年五月。この二年ほどの間に、宮内庁書陵部の前身である宮内省図書寮が残した記録に手がかりを探すことにした。

もちろん、記録は容易に閲覧できるものではない。書陵部では公文書の閲覧については、担当者がひとつひとつ文書を確認し、個人のプライバシーなどの問題がないか判断した上で可能となる。膨大な記録のなかから該当しそうな記録を選び出し、時期を絞って閲覧申請を行った。申請から二か月、最初の文書の閲覧が可能となった。

その詳細は、後の永島准教授の稿に譲るが、閲覧した資料によれば、宮内省図書寮の嘱託・浅見倫太郎が王公族の実録編集のために儀軌も参考資料にしようとした。しかし、儀軌があまりにも膨大ゆえに書き写すことが困難であり、そのため朝鮮総督府に譲与を依頼することになったというのである。

そのことを示す他の資料にはただ「報告書」とだけ書かれ、冒頭に大きく「廃案」と書かれていた。書いたのは、浅見倫太郎。一九一九年五月に嘱託員となり、王公族の実録編集の担当となったとある。儀軌をひとつひとつ抄録して資料とするべきだが、「巻帙浩瀚ニシテ謄写不能」のため、朝鮮出張の際、総督府に儀軌の譲受を交渉し、図書寮に「寄贈」の手続きを取ったという。しかし、「その実は借受の分をそのまま譲受たるものにして総督府掛官より本員に宛、書信を以て右は特別処分に係るを以て今後の例とせられざらんことを望むとの申し出あり、本員は之を諒しその旨寮頭に上申したり」とある。

儀軌の譲与は、「今回一回きりの特別措置」と総督府がわざわざ念を押す異例の手続きであったことがわかる。それにしても、宮内省が儀軌を「借り受け」たのは一体いつだったのだろうか。また、なぜ記録が「廃案」とされているのか。実は、名護屋城博物館の資料にも「廃棄」と書かれていた。「特別処分」ゆえであろうか。この交渉にはおよそ二年を要している。この間に記録作り以外の目的が生じたということであろうか。謎が残った。

余談だが、この報告書には、図書寮嘱託の浅見倫太郎が儀軌の無償譲与は特例であることを「寮頭に上申した」とあるが、その上司として許可を与えていたのは意外な人物であった。当時の宮内省図書寮のトップ「図書頭」として公文書に頻繁に名前が登場する「森林太郎」こと、森鷗外である。「林太郎」は鷗外の本名である。軍医のトップとして、そして文壇で大いに活躍した鷗外は、一九一八年、帝室博物館（現在の東京国立博物館）総長兼「図書頭」に就任していた。鷗外は一九二二（大正一一）年七月に六十歳で亡くなっている。

浅見の報告書には、「大正一一年七月九日森寮頭不幸にして官に薨し」とある。

儀軌は、そのわずか二か月ほど前に図書寮に寄贈されたことになる。図書寮トップの鷗外は、儀軌を目にしていたのであろうか。もしも目にしていたら、どんな感想を持ったことであろうか。

日本の皇室と朝鮮王家の融合

韓国併合によって「王公族」という特別な身分が創設され、日本の皇族と同等に扱われるようになった朝鮮王朝李王家の人々。最後の皇太子・李垠と梨本宮方子の結婚は、「帝室制度審議会」や「枢密院」で激しい議論となったが、一九一八年、「皇室典範増補」によって決着する。「皇族女子ハ王族又ハ公族ニ嫁スルコトヲ得」とする、たった一文が加えられたことで可能となったのだ。

日本政府としては、既に天皇が許可した結婚を中止するわけにはいかず、かといって皇室典範の「改正」をするわけにもいかずに、まさに苦肉の策として皇室典範は増補された。しかし、そもそもの議論の発端となった王公族の法的地位等については、結論が出ないまま先送りとなった。

李垠と方子の結婚は一九二〇年四月に東京で行われた。その様子を方子はこう記している。

「皇族女子の結婚には、袿袴《けいこ》姿《すがた》（十二単衣）の式服を着用するのがならわしのところ、特例として殿下は陸軍中将の礼装、私はローブデコルテーで、儀式は小笠原流古来の礼法によりとり行なわれ……」（『流れのままに』）

日本式にも朝鮮式にもするわけにいかなかった当時の苦労がにじみ出ている。何はともあれ、この結婚により日韓の皇族は文字通り「親戚」となった。この年から、宗秩寮御用掛兼李王世子顧問として、いわば李垠と方子の後見人ともいえる立場になったのが、後の枢密院議長・倉富勇三郎である。世界一長い日記を書いたともいわれる人物だ。倉富の日記には、朝鮮王朝李王家を日本の皇族のなかにどう位置付けるか、そしてこの二人の結婚により生じた日韓のしきたりの違いとそれへの戸惑いがしばしば綴られている。そもそも二人の結婚の宴席に、日本の皇族が出席すべきかどうか。「皇族の礼を以て」遇されるが、あくまで皇族ではない李垠。その結婚の祝宴（披露宴）はよいが、正式な結婚式に宮内省が日本の皇族を招いては、その位置付けに不都合が生じるのではないか、式はどうするのか、などの議論が繰り広げられる。

その後、方子の妊娠がわかると、今度は着帯式をどうするかが問題になる。朝鮮の習慣には

1928年当時の写真。前列左から堈、垠、方子、徳恵（写真提供：朝日新聞社）

ない日本式の着帯式を行っては、朝鮮側から反発を買うのではないかと倉富は案じる。更に、王公族の法的地位の決定が先送りされているなかで、生まれてくる子どもの敬称を何とするかをめぐっても議論が続く。韓国併合時、日本政府は高宗、純宗、李垠など現存する李王家の人々については急遽天皇の詔書によって称号を定めたが、将来生まれてくる子どものことまで考える余裕がなかった。それが十年以上たって問題となってきたのだ。先に書いた、一九二二年の李垠一家が初めて朝鮮に赴き、李垠の兄・純宗に覲見《きんけん》する際の衣装についてもだ。当初日本政府は洋装と決定していたが、朝鮮側の反対の声を受けてやむなく朝鮮服に変更したと倉富は日記に綴っている。

このように、日本と朝鮮、ふたつの皇室が融合するなかで、様々な儀式や慣習を朝鮮ではどうしているのか、確かめる必要が繰り返し生じていった。

李垠の甥・李鍵（左）と妹・徳恵（右）（写真提供：共同通信社）

李垠と方子の第一子・晋が、不幸にして朝鮮で夭逝した後、二人はなかなか子宝に恵まれず、第二子で男児の玖《グ》が生まれたのは一九三一年のことであった。

その間に日本政府は、朝鮮王朝李王家の子弟を次々と日本に留学させ、日本の華族との縁談を進めていった。

一九三〇年には、李垠の妹・徳恵《トッケ》が、旧対馬藩主で伯爵の宗《そう》家第三十七代当主・宗武志《たけゆき》と結婚。同じ年に、李垠の兄である李堈《イ・ガン》の息子・李鍵《イ・ゴン》が松平胖《ゆたか》の娘で廣橋真光伯爵の養妹の誠子《よしこ》と結婚するなど、王公族と日本の皇族や華族との結びつきを強めていく。こうしたなかで、李王家の記録作りと共に、朝鮮の儀礼や慣習を知るためにも、儀軌の必要性は高まっていったのではないかと考えられる。

宮内庁書陵部には、朝鮮王朝代々の家系図「璿源系譜紀略」が複数部所蔵されている。李垠と方子の結婚を進めるにあたり、あるいは、こうした李垠の妹をはじめとする一族の続柄を知るために入手されたのではないかと見られる。

李垠をはじめとする李王家の男児は、日本の皇族と同じく、満十八歳になると日本の陸海軍に入隊することを義務付けられた。そのなかには、陸軍将校として赴いた広島で被爆して亡くなった李鍝《イ・ウ》も含まれている。李垠の兄・李堈の次男である。広島の平和記念公園にある「韓国人原爆犠牲者慰霊碑」には、李鍝の名が大きく刻まれている。

儀軌をはじめとした李王家の記録を入手し、李王家の人々を日本のなかに組み込んでいった日本政府。一方で五百年の繁栄を誇った李王家は、急速に衰退していった。


（天川恵美子）

韓国併合と王公族の創設

永遠に続く朝鮮統治の基盤づくり

新城道彦

一九一〇年から一九四七年まで、日本には皇族・華族・一般臣民以外に王族と公族という身分が存在した。韓国併合によって日本に編入された韓国皇室のことである。王族と公族を合わせて王公族と呼称した。

一般的には李王家という名称で知られているが、李王家とは日本に編入された韓国皇室を三つの家に分類したうちの一つでしかない（李王家は韓国皇室の正統であり、あとの二つは公家といった）。また、併合以前に朝鮮半島にあった王室をも李王家と呼称する場合があるが、厳密に言えばこれも正しくない。李王は併合時に韓国皇帝を日本に編入するために新たに創作した尊称であり、それ自体が植民地性を持つ用語だからである。

この韓国皇帝を李王という尊称で日本に編入するという問題が、寺内正毅統監と李完《イ・ワン》用《ヨン》首相による併合交渉の主要議題であったことは、あまり知られていない。併合条約が締結されたとき、日本も韓国も共に「帝《みかど》」を戴く帝国であった。帝国同士が一つになる以上、併合される側の「帝」、すなわち韓国皇帝の処遇が重要になるのは当然といえば当然である。

全八条しかない併合条約をみても、第一条と第二条は、韓国皇帝が統治権を「譲与」して天皇がそれを「受諾」すると謳っており、第三条と第四条は、あたかもその見返りであるかのように、天皇が韓国皇帝とその一族に「相当ナル尊称威厳及名誉」と十分な歳費を供与すると宣言している。しかも天皇は、併合条約の公布と同時に「前韓国皇帝ヲ冊シテ王ト為スノ詔書」「李堈及李熹ヲ公ト為スノ詔書」を発し、王公族を日本の皇族（以下、皇族と表記したものは日本の皇族を指す）と同等に礼遇するとまで約束した。琉球処分のときに琉球王を華族にしたのとは明らかに異なる処遇といえよう。

日本は併合後も韓国皇帝を亡き者にせず、天皇と並立しかねない「王」を名乗らせ、しかもその頭には韓国皇室の姓である「李」を付けた。この李王という風変わりな尊称はどのように作られたのであろうか。また、皇族の礼遇が保障されながら、皇族とは区別された王公族は、日本のなかでどのような地位にあったのか。こうした疑問をひも解きながら、朝鮮王朝儀軌が宮内省（現宮内庁）に移管された経緯を検討していきたい。

「韓国併合ニ関スル条約」

第一条　韓国皇帝陛下ハ韓国全部ニ関スル一切ノ統治権ヲ完全且永久ニ日本国皇帝陛下ニ譲与ス

第二条　日本国皇帝陛下ハ前条ニ掲ケタル譲与ヲ受諾シ且全然韓国ヲ日本帝国ニ併合スルコトヲ承諾ス

第三条　日本国皇帝陛下ハ韓国皇帝陛下太皇帝陛下皇太子殿下並其ノ后妃及後裔ヲシテ各其ノ地位ニ応シ相当ナル尊称威厳及名誉ヲ享有セシメ且之ヲ保持スルニ十分ナル歳費ヲ供給スヘキコトヲ約ス

第四条　日本国皇帝陛下ハ前条以外ノ韓国皇族及其ノ後裔ニ対シ各相当ノ名誉及待遇ヲ享有セシメ且之ヲ維持スルニ必要ナル資金ヲ供与スルコトヲ約ス

第五条　日本国皇帝陛下ハ勲功アル韓人ニシテ特ニ表彰ヲ為スヲ適当ナリト認メタル者ニ対シ栄爵ヲ授ケ且恩金ヲ与フヘシ

第六条　日本国政府ハ前記併合ノ結果トシテ全然韓国ノ施政ヲ担任シ同地ニ施行スル法規ヲ遵守スル韓人ノ身体及財産ニ対シ十分ナル保護ヲ与ヘ且其ノ福利ノ増進ヲ図ルヘシ

第七条　日本国政府ハ誠意忠実ニ新制度ヲ尊重スル韓人ニシテ相当ノ資格アル者

ヲ事情ノ許ス限リ韓国ニ於ケル帝国官吏ニ登用スヘシ
第八条　本条約ハ日本国皇帝陛下及韓国皇帝陛下ノ裁可ヲ経タルモノニシテ公布ノ日ヨリ之ヲ施行ス

併合交渉の焦点は国号と王称の維持

日本政府は一九〇九年七月六日の閣議で、併合後に韓国皇帝（純宗《スンジョン》）を廃位して「大公」とし、太皇帝（高宗《コジョン》）、皇太子（李垠《イ・ウン》）および皇帝の異母弟である李堈《イ・ガン》を「公」にする方針を可決する。さらに翌年七月八日の閣議では、大公家に百五十万円の歳費を支給する方針を定めた。当時の首相の年俸が一万二千円ほどであるから、厚遇のほどがわかる。また大公の尊称は、日本の皇太子と親王の間に位置づけるという趣旨であり、韓国皇帝を皇族の最上位とほぼ同等に礼遇する意味があった。

第三代統監に就任した寺内正毅は、この併合案を携えて一九一〇年七月二三日に韓国の仁川《インチョン》に上陸する。すぐにでも併合が断行されるであろうとの噂に反し、寺内は昌徳《チャンドッ》宮《クン》と徳寿宮《トクスグン》に参内して皇帝と太皇帝に新任の挨拶をしたのみで、その後は静観した。このとき統監府は、李完用内閣が併合交渉に応じる機会を、早期ではなく半年から一年の展望で窺っており、不用意に接近して韓国政府を警戒させないよう注意していたからである。

ところが、八月四日に李完用首相の私設秘書である李人稙《イ・インジク》が小松緑統監秘書官に会うために統監府官舎を訪問したことで、事態は急転する。李人稙の口から、李完用首相が韓国皇室の処遇を併合実施の最重要課題と考えていることが語られたのだ。

このとき統監府としては条約締結の確証を得ていたわけではなかった。それゆえ、李完用首相の胸中を仄聞《そくぶん》した小松は、韓国側の最後の決心を引き出すために併合条件の大要を開示すべきだと考え、李人稙に欧米の植民地政策と対比しつつ韓国皇室の処遇方針を伝えた。すなわち、フランスがマダガスカル王を孤島に追放したり、アメリカがハワイ王を市民に落とした例を引き、これに対して韓国皇帝には併合後も日本の皇族と同等の礼遇を保障し、現在の皇室費と同額の歳費を給すると説明したのである。

李人稙はこの併合案を持ち帰って李完用首相に上申した。李完用は少しでも譲歩を引き出せるうちに併合談判を進めた方が得策と判断し、李人稙を介して会見に応じる旨を統監府側に通告した。これを聞いた寺内統監は、八月一三日の時点で桂太郎首相に向けて電報を打ち、併合交渉は来週より開始し、順調にいけば週末までに終わらせたいと報告している。

李完用首相が統監官邸を訪れたのは八月一六日であった。併合交渉は国分象太郎統監秘書官の通訳で進行した。
まず寺内統監は併合の趣旨を記した覚書を手渡した。内容は、以下の通りである。

（一）韓国皇帝、太皇帝、皇太子とその后妃および継嗣には相当なる尊称、威厳、名誉とこれを維持できる十分な歳費を供与する。
（二）その他の韓国皇室にも現在以上の優遇を保障する。
（三）勲功ある韓国人には栄爵を授けこれに相当する恩賜金を給与する。
（四）日本国政府は韓国の統治を担当し、法を遵守する韓国人の身体および財産に十分な保護を与え、福利の増進を図る。
（五）新制度を尊重する韓国人を朝鮮における帝国官吏に任用する。

このうち、韓国皇室の処遇は特に細かく記されており、韓国皇帝と太皇帝には大公の尊称を、皇太子には公の尊称を与え、皇族と同じように遇すると規定されていた。覚書の内容は実際に締結された併合条約の条文とほぼ一致しており、交渉の焦点が韓国皇室の処遇にあったことがわかる。

覚書を一読した李完用首相は、条約締結の可否を述べず、唯一の希望として併合後も韓国の国号と王の尊称を残すよう申し入れた。しかし、この条件で併合を実施すれば、冊封体制のような緩やかな宗属関係になり、延《ひ》いては独立の名分を与えかねなかった。それゆえ、寺内統監は一般の国際関係に照らしてみれば、併合後に王称を認める理由がないとして拒絶する。すると李完用は、いったん趙重応《チョ・ジュンウン》農商工部大臣と協議したのちに同大臣を介して韓国側の意向を伝達すると告げて、わずか三十分で退出してしまう。

趙重応が国号と王称に関する韓国側の考えを伝えるために寺内統監を訪問したのは、同日午後九時のことであった。趙は、李完用首相と同様に国号と王称の維持を強く訴え、もしこの二つが受け入れられないならば、条約締結に応じられないと強気に出る。寺内統監としては、併合を「合意」として実現するために、韓国皇帝に条約調印に応じてもらわなければならず、また、八月一三日の時点で日本政府に対して翌週末までの「時局解決」を表明していたため、ここで併合談判を遅延させるわけにはいかなかった。

そこで寺内統監は「一、韓国ノ国号ヲ自今朝鮮ト改ムルコト」「二、皇帝ヲ李王殿下、太皇帝ヲ太王殿下及皇太子ヲ王世子殿下ト称ス」という二件を筆記し、これが可能か日本政府に問い合わせてみると趙重応に申し入れた。ここではじめて「李王」という尊称が出現する。わざわざ「王」の上に韓国皇室の姓である「李」を付けて「李王」としたのは、「朝鮮王」を名乗らせないためであった。韓国皇帝が将来的に独立の大義名分に利用されないよう予防線を張ったのである。趙重応は李王の尊称が気に入らない様子であったが、これが統監府と韓国政府の間のぎりぎりの妥協点であった。

ちなみに、国号の「朝鮮」案は七月の閣議ですでに決定していたことであった。この他にも、北海道をもじった「南海道」にするという案、「韓国」の「国」を取って「韓」とする案などがあったが、台湾が旧称を残した前例から、「朝鮮」が採用された。

二件を示された趙重応は即答を避け、李完用首相と協議すると答えて退出していった。

李完用首相は翌一七日午前一〇時に統監官邸に使者を派遣し、趙重応がもたらした懸案の返答に関しては閣員と協議する必要から、同日午後八時まで待ってほしいと要請してきた。ところが、李完用首相はその時間に再び使者を送り、終日閣員と協議したがいまだ全員の同意を得られていない旨を告げるとともに、国号と王称に関する韓国側の条件を日本側が飲むならば、自分は職責をまっとうして閣議をまとめると表明した。これにより日本が李完用内閣との間で併合を実現するためには、国号と王称を韓国側の要求にしたがって修正することが不可欠となる。李完用首相は、条約締結による成立という統監府側の要望に応じるふりをしながら、国号と王称といった「国家」の名分にかかわる問題に関して巧みに譲歩を引き出したのであった。

王として冊立するが李王と称する

八月一七日、寺内統監は日本政府の柴田家門内閣書記官長（官房長官の前身）に打電し、韓国側の要望に応じて韓国皇室の冊立案を修正する必要があると訴えた。国号の朝鮮案に関しては、すでに裁可を得ていたので問題はなかったが、王称に関しては、詔書の文言を「大公」から「李王」に修正し、裁可を仰がなければならなかったのである。

そこで統監府は「現皇帝ハ李王ト為シ昌徳宮ト称セシメ……」(傍点筆者)と修正した詔書案を作成し、二〇日に日本政府に送付した。ところが、日本政府と協議した宮内省は、統監府案で「現皇帝ハ李王ト為シ」となっていた箇所をあえて否定し、「王ト為シ」に変更してしまう。日本の姓(氏)は天皇から臣民に賜与されるものであり、天皇や皇族はそれを持たない。それゆえ、形式を重視する宮内省が、皇族と同じ礼遇を受ける王公族に対して韓国皇室の姓である「李」を付けるのを嫌ったのではないかと推測される。

統監府と宮内省の板挟みになった日本政府は、最終的に「現皇帝ハ王ト為シ昌徳宮李王ト称シ……」という折衷案を作って解決する。すなわち、韓国皇帝を「王」として日本に編入するが、「朝鮮王」を名乗れないように、称するときは「李王」にするとしたのである。

八月一八日、昌徳宮で常例閣議が開かれ韓国政府において併合の方針が決議されたため、あとは条約の草案を韓国皇帝の親閲に供し、裁可を得たうえで全権委任状の下付を待つのみとなった。

二二日、韓国皇帝は国務大臣のほか、金允植《キム・ユンシク》中枢院議長、李秉武《イ・ビョンム》侍従武官長、完興君李熹《イ・ヒ》に対して御前に会すべき勅命を下した。午後二時に統治権「譲与」の要旨を宣示し、条約締結の全権委任状を李完用首相に下付した。これを受けて李完用首相が携帯した条約案を取り出して各条項の説明をすると、韓国皇帝は嘉納し裁可した。

李完用と趙重応は午後四時に統監官邸を訪問し、対峙した寺内統監に全権委任状を見せて、皇帝が自ら署名し国璽《こくじ》を押したものであると説明した。かくして日本と韓国の間で併合条約が締結される。

王公族を皇族のように冊立

寺内統監は、併合を「合意」として実現するために、条約締結という形式にこだわった。しかし、併合が「合意」であることを韓国民および国際社会に宣伝するためには、それを目に見える形で演出する必要があった。また天皇の威光を保持するためにも、条約で約束した通りに韓国皇室を優遇しなければならなかった。そこで、王公族に保障した皇族の礼遇が儀式を通じて大々的に示されるようになる。

八月一九日、寺内統監は日本政府に電報を打ち、韓国皇帝を日本に編入するためには丁重な儀式を行う必要があると訴えた。桂首相はこの意見に賛同し、併合条約の公布後に詔書の写しと下賜品を持った勅使をすぐに派遣するとともに、威厳ある儀式によって韓国皇帝に進呈するとした。

　併合条約が公布された八月二九日午後二時、日本からは稲葉正縄《まさなお》式部官が勅使として差遣され、三一日午前に釜山《プサン》へ寄港、その後、釜山駅から密陽《ミリャン》、慶山《キョンサン》、大邱《テグ》、秋風嶺《チュンプンニョン》、芙江《プガン》、天安《チョナン》、水原《スウォン》、永登浦《ヨンドゥンポ》を経て、同日午後八時一〇分に漢城《ハンソン》の南大門《ナムデムン》へ到着した。翌九月一日午前一一時五分に稲葉勅使が昌徳宮の敦化門に到着すると、正装に日本の大勲位菊花大綬章と菊花章頸飾を併佩《へいはい》した韓国皇帝が侍従や礼式官を随《したが》えて出迎えた。皇帝が自ら先導して西行閣廊下から仁政殿《インジョンジョン》に入り、勅使が西面、韓国皇帝が東面となって中央に配置された金色の卓子に着席した。ここで勅使が聖旨と詔書の写しを手渡し、それを韓国皇帝が受け取ると、今度は下賜品の目録が示され、桐箱に入った品（皇帝に緞《どん》子《す》七巻、太皇帝に五巻、皇太子に三巻）が進達された。

　寺内統監はこのように植民地化した国の皇帝を丁重に扱うことで、天皇の度量を示し、韓国民を感涙させられると考えた。しかし、王公族を皇族のように扱うのはあくまで礼遇上であり、法的に皇族か否かは曖昧なままとなる。王公族は誰がその身分になれるのかといった認定基準さえ定められていなかったため、やがて消滅してしまう危険性すらあったのである。

王公族の法的規定

王公族は、明治天皇が併合条約の約束にもとづき、詔書を発して創設した身分であった。それゆえ、王公族の没落や消滅は天皇の体面を汚損するので、何としても避けなければならなかった。

併合時に宮内大臣の委嘱を受けて王公族に皇族の礼遇を保障する詔書を作成したのは、皇室令整理委員の奥田義人と岡野敬次郎であり、彼らを指導していたのは伊東巳代治《みよじ》だった。しかし、王公族を法的に位置づける作業は後回しにされ、皇族か否かは曖昧なままとなる。そこで伊東は一九一六年九月に「皇室制度再査議」という意見書を起草し、大隈重信首相と波多野敬直《よしなお》宮内大臣に提出して王公族に関する法を整備する必要性があると主張した。これを契機として、一一月四日に宮内省内に帝室制度審議会が設置される。

一九一六年一一月七日、帝室制度審議会の総裁に伊東が就任し、委員には奥田、岡野のほか、平沼騏一郎、倉富勇三郎、鈴木喜三郎、馬場鍈一らが任命された。翌一七年三月、旧韓国皇室の典礼慣行を精査するために岡野、馬場両委員と宮内省の栗原広太嘱託に朝鮮への出張が命ぜられる。四月四日に東京を出発して九日に京城に到着した三人は、純宗（李王）と高宗（李太王）に拝謁したのち、総督府と李王職を訪問して諸般の打ち合わせをし、翌一〇日より李王職内の一室を借りて調査に専念した。李王職とは、王公族の家務をつかさどった宮内省の一組織であり、事務所は昌徳宮にあった。

三人の帰国後、帝室制度審議会は委員会で三十四回、総会で十五回の議論を経て、王公族を国法上に位置づける法規をまとめていった。当初名称は定まっておらず、「皇室典範」をもじった「王家典範」なども使われていたが、最終的に「王公家軌範」で落ち着く。なお併合時に発した「前韓国皇帝ヲ冊シテ王ト為スノ詔書」では「朕ハ当ニ別ニ其ノ軌儀ヲ定メ」となっており、当初から「軌儀」すなわち単に軌範だけでなく、儀式や慣習を含めて王公族を日本のなかに位置づけるという視点があったといえる。

帝室制度審議会が作成した王公家軌範案の特徴は次の三点に集約される。

一つ目は王公族を準皇族と見なして一般法令を適用すべきではないとしている点である。この特徴により、たとえば第一一七条には、臣籍から王公族に嫁いだ女子が離婚した場合には実家に復籍するというように、王公族が臣籍ではないことを前提とした規定が設けられた。

二つ目は、王公族を明確に朝鮮人として意識している点である。第一一七条に王公族女子が王公族男子に嫁ぐ場合が想定されていない理由として、朝鮮の慣習では厳に同族相婚を禁じているると付記しているからである。

また、第二一条は王公族の系図に関する規定であるが、これに関して、朝鮮の王室では「璿源《せんげん》系譜紀略」で系統が明らかにされている旨が付記されている。この「璿源系譜紀略」は一九六五年一二月一八日の「文化財及び文化協力に関する日本国と大韓民国との間の協定」で韓国に引き渡された文化財の一つであり、一部は宮内庁にも所蔵されている。このように王公家軌範案は朝鮮の旧慣を考慮して作成された。ゆえに、栗原らが行った朝鮮出張での典礼調査では儀軌などの資料も参照されたと思われる。

三つ目は、王公家軌範を皇室令の形式で制定しようとしていた点である。それゆえ王公家軌範の条文のほとんどは皇室令（皇族身位令、皇室財産令など）の焼き写しであった。第一編の第一章は承襲順位の規定だが、これは皇室典範第一章に準拠している。第二編「身位」、第三編「財産」、第四編「親族」の規定は皇室親族令と皇室婚嫁令の条文に依拠しており、満十八歳に達すれば陸海軍武官になることや、満十五歳で大勲位を叙勲され菊花大綬章が与えられるなどの叙勲任官も皇族身位令に依っていた。

このように帝室制度審議会は、王公族を準皇族と見なした王公家軌範案を作成し、単に礼遇としてではなく、法的にも皇族として国内に位置づけようとした。

しかし、枢密院（重要法案を審議する天皇の諮問機関）は、併合条約や詔書の文言は「尊称」「威厳」「名誉」といった礼遇を保障すると記しているのみだから、王公族を皇族と見なし、王公家軌範を皇室令によって定める根拠とはならないとして否決してしまう。

高宗と純宗を国葬する

一九一九年一月二一日、高宗（李太王）が急死する。東京出張中だった第二代総督の長谷川好道は高宗の死に対処するために、二二日に原敬首相を訪問して、国葬することを申し入れている。原首相はこれに賛同し、その手数を取るよう命じた。その後、高橋光威《みつたけ》内閣書記官長が宮内省に出向いて協議したが、宮内省側からは宮中喪程度でよいのではないかとの意見が出された。しかし原首相は不同意を表明し、国葬することを決定する。

こうした経緯から、宮内省は国葬ではなく宮中喪程度に止めようとし、原首相や長谷川総督ら朝鮮統治に直接関わる者たちは、より丁重な国葬を準備しようとしていたことがわかる。宮廷儀礼である国葬形式の慣例を作ったのは宮内省であった。そのため宮内省には強い自負心があり、安易に国葬を行うのを快く思っていなかったといえる。しかし、原首相や長谷川総督は国葬の慣例よりも、王公族として日本の一身分となった高宗を国家レベルの儀礼で葬送することを重視していたのであった。

だが、国葬とは国家に功績ある者のみが受けられる特別な礼遇であった。たとえば原敬は、国葬するのは皇族か薩長の旧藩主の他は、三条実美、岩倉具視、伊藤博文のみとの自説を述べている。しかし、王公族を準皇族と見なす帝室制度審議会の王公家軌範案は枢密院によって否決されていたので、彼らは皇族ではなかった。仮に併合条約や詔書で王公族に保障した皇族の礼遇から説明しようとしても、すべての皇族が国葬されるわけではないので無理がある。では、高宗を国葬した理由は何だったのであろうか。

それは、丁重に葬送すれば、朝鮮人が感涙するだろうという単純な期待であった。そうした理由から、高宗の国葬には十万円という巨額の予算が計上された。もちろんこの場合は朝鮮での執行のために膨大な経費が掛かったが、過去の国葬と比較してみても十万円は破格であった。

国葬費の変遷を簡単にみると、日本で最初に行われた岩倉具視の国葬は三万円であり、その水準は一九〇三年二月二六日の小松宮彰仁の国葬まで続いたが、その後の物価上昇に応じて引き上げられ、〇九年一一月四日の伊藤博文の国葬は四万五千円で執行された。さらに一三年七月一七日の有栖川宮威仁《たけひと》の国葬では、皇族が臣下と同一の水準ではいけないとのことで、五万円に増額された。ところが、高宗の国葬費はこの皇族の国葬費からさらに倍増することとなる。ここで重要なのは十万円という金額そのものではなく、有栖川宮威仁の国葬費が臣下と同じではよくないからと五千円増額されたにもかかわらず、皇族ではない高宗にその倍額が設定された点である。国葬を通して朝鮮人を感涙させるためには、皇族と同等以上の礼遇を可視化しなければならず、その結果、巨額な予算が組まれたといえる。これに関連して、儀式の格式も高めなければならず、準拠する国葬も直前の一九一六年に行われた大山巖の国葬ではなく、一三年に行われた有栖川宮威仁の国葬となった。

しかし、皇族のように葬送するということは、同時に朝鮮式儀礼を無視することにつながった。しかも国葬直前の一九一九年三月一日には、群衆を動員した三・一独立運動が勃発する。これにより、高宗の国葬は朝鮮人がほとんど参列しない寂しいものとなってしまう。

李王職の人間はこの状況をみて衝撃を受け、処遇方法を変えるべきだと当局に訴えるようになる。たとえば、今村鞆《ともえ》李王職事務官は斎藤実《まこと》総督に対して、先祖伝来の儀式を無視して葬儀を行えば朝鮮人が喜ばないのは当然であるから、今後予想される純宗の葬儀は費用だけを国家から捻出し、儀式は朝鮮の古礼を尊重して行うべきだとの意見書を提出している。すなわち、王公族を単に皇族と同様に見立てるのではなく、皇族のように丁重に扱いつつも朝鮮の旧慣に配慮するというのが、統治に適した処遇だと考えられるようになったのである。

実際に一九二六年四月に他界した純宗（李王）の葬儀は日本の国葬でありながら、朝鮮の古礼に則って行われた。王公族に着目してみれば、併合は韓国を否定すると同時に日本に変容を迫るものだったといえよう。少なくとも、国葬が意味する「国」は朝鮮を抜きにして語れなくなったのである。

ところで、葬儀とは伝統的な価値体系を持つ儀礼の一つであり、各集団（民族）の固有性が如実に現れる。したがって、純宗の国葬を朝鮮古礼で行うとなれば、人員の配列や器具の材質・種類などを知るために、李朝時代の王室や国の主要行事を文章や絵画で記録した儀軌が参照されたであろうと推測される。

しかし、これが宮内省に儀軌が移管された直接の原因とはいえない。純宗の国葬も高宗と同様に朝鮮で実施されたため、わざわざ宮内省に儀軌を移管して参照する必要などなかったからである。たしかに国葬委員会は京城だけでなく、東京にも設置されたので、情報共有を目的として儀軌が宮内省に移管されたと考えられなくもない。実際、宮内省所蔵の儀軌は多くが重複本であり、また高宗の前代・哲宗《チョルジョン》や高宗の正妻・明成《ミョンソン》皇后の国葬儀軌が含まれている。だが、朝鮮統治と関連づけて王公族の処遇を考えた場合、儀軌の移管経緯を朝鮮古礼に則った純宗の国葬に対処するためだったと、そう短絡的に結論付けるべきではない。

永遠に続く朝鮮統治の基盤づくり

日本にとって併合条約に調印した旧韓国皇室たる王公族は、併合の「合意性」を担保する生き証人であった。王公族に皇族の礼遇を保障してその身分を存続させることは、日本が朝鮮統治の「正当性」を確保する一つの方便だったのである。日本は当然ながら、朝鮮が三十五年で独立するとは思っておらず、百年、二百年、否、永遠に帝国の一部として あり続ける前提で統治していた。そのためには、旧慣を保存しつつ、法的に矛盾しない範囲で朝鮮を日本のなかに組み入れていかなければならなかった。特に朝鮮を表象し、併合に「合意」した王公族を日本の国体＝天皇制と矛盾しないように巧みに国内に保存することは、朝鮮統治の重要課題だったのである。それはつまり、王公家軌範の制定と李王家の歴史書（実録・実記）の編纂であった。

宮内省に移管された国葬都監儀軌や王世子嘉礼都監儀軌は高宗・純宗の葬儀や李垠と梨本宮方子の婚儀に利用するためではなく、今後、何度も繰り返されるであろう王公族の葬儀や婚儀を制度化する基礎資料だったと考えられる。

たとえば、李王職が編纂して一九四三年に出版した『昌徳宮李王実記』という書物がある。漢文で書かれた『純宗実録』とは異なり、漢字カナ交じりで読みやすく、一般人も閲覧できるよう複数印刷された。この凡例には、「本書の編纂に使用せし引用書目左の如し」として左記の書物があげられている。

高宗実録　純宗実録　高宗宝鑑　純宗宝鑑　東宮日録　春桂坊日記　承政院日記

承宣院日記　秘書院日記　秘書監日記　宮内府日記　奎章閣日記　日省録　承寧府日記　徳寿宮日記　増補文献備考　両詮便考　文品案　萬姓大同譜　璿源譜略　璿源続譜　朝鮮史　典攷大方　進饌儀軌　進宴儀軌　国朝榜目　百世通譜　宮闕志　大典会通　同文彙考　銀臺条例　嘉礼都監儀軌　名世叢考　琬琰通考　本朝紀事　祔廟儀軌　葬儀主監儀軌　正軒集

このように、王公族の歴史書編纂に儀軌や璿源譜略が資料として活用されたことがわかる。もちろん、『昌徳宮李王実記』を作成するために儀軌を宮内省に移管したと言いたいわけではない。当局はより巨視的に、今後何代も続くであろう李王家の実記・実録を編纂していくことを想定し、いつか使うであろう基礎資料として、李王職が所属する宮内省に儀軌の一部（重複本）を移管したと言いたいのである。

なお、併合により、韓国宮内府・奎章閣《キュジャンガク》で所蔵していた図書や政府の記録文書は、一九一一年六月に総督府が引き継いでいる。その内訳および冊数は次の通りである（五味均平『朝鮮李王公家取調書』）。

奎章閣保管図書……………三万四千二百八十一冊
弘文館所蔵図書……………四千二百五十四冊

北漢山所蔵図書……………………………………一万冊
集玉齋所蔵図書…………………………三万九千六百五十一冊
春坊所蔵図書…………………………一万三千二百十六冊
奎章閣図書館所蔵図書……………………五千五百冊
旧韓国政府・宮内府の記録物など………一万千七百三十冊
合計……………………………十一万八千六百三十二冊

この他に、総督府は全羅北道茂朱郡赤裳山史庫と璿源閣所蔵図書四千六十六冊も、一九一一年六月に同郡の郡守から引き継ぎ、また、新たに一万九千二百八十冊の書籍も購入している。これらの図書と李朝歴代の宸翰《しんかん》・譜牒《ふちょう》・詞章などの貴重品を保管・整理する目的で、奉謨堂と譜閣が新たに建築された。

また、実録編纂の根本資料となる日省録（朝鮮国王の動静を中心に記録した日記体の年代記）は、高宗在位中の光武五（一九〇一）年から十（一九〇六）年の間が途絶えていたので、総督府は一九一一年三月に編輯委員四名をおいて補修に従事させ、同年八月に完成させた。

王公家軌範の制定

王公家軌範の制定は歴史書の編纂よりも喫緊の課題であった。王公族を国法上に位置づけて王と公の尊称を継承する方法を定めなければ、この身分が消滅してしまう危険性すらあったからである。

今村鞆は斎藤実総督へ提出した意見書のなかで、王公家軌範の制定は「急を要するもの〻一なり」としている。その理由は、王世子（李王の継承予定者）に子ができた場合、その子を勝手に王世孫と称するわけにはいかない、すなわち王族とすることができないからだと述べている。

実際、一九二一年に王世子・李垠と梨本宮方子の間に第一子・晋《ジン》が生まれるが、王公家軌範制定以前の誕生だったため、彼を王族と見なすわけにはいかず、どのように取り扱うかが問題となった。そこで当局は、応急措置として「王世子ノ系嗣ニ殿下ノ敬称ヲ用ヒシムル詔書」を発し、特別に晋に皇族の礼遇を認め、殿下の敬称を用いることとした。しかし、王公族はいまだ法的に整備されていなかったため、身分を王族とするわけにはいかなかった。そのため、詔書の表記も「王世孫ニ」ではなく「王世子ノ系嗣ニ」となっている。

では、そもそも王公家軌範制定以前に王公族に属していたのは誰だったのであろうか。併合と同時に王族になったのは、純宗とその妃（尹《ユン》氏）、高宗、皇太子（李垠）の四名であり、公族になったのは純宗の異母弟・李堈とその妃（金氏）、高宗の兄・李熹とその妃（李氏）の四名であった。併合条約と詔書には王および公の尊称を世襲することと、妃を王妃もしくは公妃にすることが明記されていた。それゆえ、王公家軌範の制定以前であっても王や公の尊称を継いだり、王族・公族に嫁いだ者は王公族になり得た。これにより王公族になった者は以下の四名である。ただし彼らはあくまで詔書の解釈によって王公族になったのであり、法的に王公族になったわけではない。

最初にあげるのは、一九二〇年四月二八日に王族の王世子李垠に嫁いだ皇族梨本宮方子である。婚儀と同時に方子は王世子妃となり、皇族を離れて王族に属した。

次にあげるのは、一八七〇年六月二五日に李熹と洪氏の間に生まれた李埈鎔《イ・ジュニョン》である。一九一二年九月九日に李熹が死去すると同時に李埈鎔が公の尊称を継ぐ。これにより、李埈鎔は公族となり、一八九四年に李埈鎔と結婚していた金在鼎の娘金氏も公妃として公族に属した。

ところが李埈鎔は、五年後の一九一七年三月二二日に死去してしまう。雲峴宮《ウニョングン》を住居とする李埈鎔が跡目を継いでまもなく亡くなり、さらに金氏との間に嗣子もいなかったので、巷間では〝大院君《テウォングン》（高宗と李熹の父）が人民を虐げたので、血統が絶える〟

という噂が流れるほどであった。しかし、李埈鎔の死が発表された三月二三日に昌徳宮の仁政殿東行閣で、李載覚《イ・ジェガク》、李海昇《イ・ヘスン》、李海昌《イ・ヘチャン》ら近親参集の会議が開かれ、最終的に純宗の決断で、李堈の次男・李鍝《イ・ウ》（当時五歳）を李埈公家に入養させ、公の尊称を継がせることとなる。李鍝は併合後の一九一二年一一月一五日に李堈と金興仁の間に生まれたが、公族になったのは、一七年五月二五日に李埈鎔から公の尊称を継いだ瞬間である。

王公家軌範の制定と王公族の増加

王公家軌範案は一九一八年に枢密院への諮詢で否決された。しかし二六年一〇月二九日に修正案が枢密院に回され、一一月五日に審査報告が行われた。そして一〇日に原案通り可決され、一二月一日に皇室令第一七号として公布される。

　これにより、王公族の子は王公族と規定され、その数が増加していく。李王家と二つの公家に分けて構成員を整理すると次表のようになる。なお、王公族の子でありながら、王公家軌範の制定以前に死んでしまったために、実質的に王公族になっていない者は除いた。

　日本は琉球処分によって国内に編入した琉球王尚泰《しょうたい》のために特別な制度を設けて家督の相続を図るようなことはなかった。しかし、王公族に関しては、李鍝に李埈公家を継がせたり、王公家軌範を制定して家系の安定を図ったりした。この点に、韓国併合と琉球処分の明確な違いがある。

❖李王家❖

坧《チョク》（純宗）…1874年3月25日　李熈《イ・ヒ》（高宗）と閔《ミン》氏（明成皇后）の間に生まれる。
1910年8月29日　韓国併合の際、王として王族となる。

尹氏……1894年9月19日　尹沢栄《ユン・テギョン》と兪《ユ》氏の間に生まれる。
1910年8月29日　韓国併合の際、王妃として王族となる。

垠……1897年10月20日　李熈（高宗）と厳氏の間に生まれる。
1910年8月29日　韓国併合の際、王世子として王族となる。
1926年4月26日　純宗の死去により、王の尊称を継ぐ

方子……1901年11月4日　梨本宮守正と伊都子の間に生まれる。
1920年4月28日　李垠に婚嫁し、王世子妃として王族となる。

玖……1931年12月29日　李垠と方子の間に生まれる。
1931年12月29日　王の子として王族となる。

熈（高宗）	1852年9月8日	李昰応と閔氏の間に生まれる。
	1910年8月29日	韓国併合の際、太王として王族となる。
徳恵	1912年5月25日	李熈と梁春基の間に生まれる。
	1926年12月1日	王公家軌範の規定により王族となる。

❖李堈公家―李鍵公家❖

堈	1877年3月30日	李熈と張氏の間に生まれる。
	1910年8月29日	韓国併合の際、公として公族となる。
金氏	1880年12月22日	金思濬と黄氏の間に生まれる。
	1910年8月29日	韓国併合の際、李堈公妃として公族となる。
鍵	1909年10月28日	李堈と鄭氏の間に生まれる。
	1926年12月1日	王公家軌範の規定により公族となる。
	1930年6月12日	李堈の隠居により公の尊称を継ぐ。
誠子	1911年10月6日	松平胖と俊子の間に生まれる。
	1931年10月5日	李鍵への婚嫁により公妃として公族となる。
沖	1932年8月14日	李鍵と誠子の間に生まれる。

	1932年8月14日	李鍵の子として公族となる。
沂	1935年3月4日	李鍵と誠子の間に生まれる。
	1935年3月4日	李鍵の子として公族となる。
沃子	1938年12月19日	李鍵と誠子の間に生まれる。
	1938年12月19日	李鍵の子として公族となる。

❖李熹公家―李埈公家―李鍝公家❖

熹	1845年9月13日	李是応と閔氏の間に生まれる。
	1910年8月29日	韓国併合の際、公として公族となる。
李氏	1883年11月10日	李麟九と李氏の間に生まれる。
	1910年8月29日	韓国併合の際、李熹公妃として公族となる。
埈鎔	1870年7月23日	李熹と洪氏の間に生まれる。
	1912年9月9日	李熹の死去にともない公の尊称を継いだため、公族となる。
金氏	1878年7月8日	金在鼎と蔡氏の間に生まれる。
	1912年9月9日	李埈鎔が公の尊称を継いだため、李埈公妃として公族となる。

辰琬……	1916年5月18日	李埈鎔と全順爀の間に生まれる。
	1926年12月1日	王公家軌範の規定により公族となる。
	1934年12月20日	尹致昭の六男源善に婚嫁し、公家を離れて公族ではなくなる。
鍝……	1912年11月15日	李堈と金興仁の間に生まれる。
	1917年5月25日	李埈鎔の継嗣となって公の尊称を継いだため、公族となる。
賛珠……	1914年12月11日	朴日緒と朴元熙の間に生まれる。
	1935年5月3日	李鍝に婚嫁し、李鍝公妃として公族となる。
清……	1936年4月23日	李鍝と朴賛珠の間に生まれる。
	1936年4月23日	李鍝の子として公族となる。
淙……	1940年11月9日	李鍝と朴賛珠の間に生まれる。
	1940年11月9日	李鍝の子として公族となる。

朝鮮の独立と王公族の消滅

一九四五年八月一五日、内地にいた王公族は、李王家の李垠、方子、玖《グ》と李鍵公家の李鍵、誠子、沖、沂、沃子の計八名であった。彼らの法的身分に変化が生じたのは朝鮮の独立直後ではなく、四七年になってからだと一般的に解釈されているが、その根拠や日付に関しては研究者の間で微妙に異なる。

ある説は、一九四七年五月一日に「皇室令及附属法令廃止ノ件」（昭和二二年皇室令第一二号）が公布されて「皇室令及附属法令ハ昭和二十二年五月二日限リ之ヲ廃止ス」と規定されたため、五月二日をもって王公家軌範が廃止され、王公族の身分もなくなったというものである。しかし、これでは王公家軌範が制定される前に王公族は存在していなかったことになってしまうし、華族が華族令（明治四〇年皇室令第二号）の廃止によって消滅したわけではないので無理がある。

もう一つの説は、一九四七年五月三日に施行された新憲法の第一四条第二項「華族その他の貴族の制度は、これを認めない」の規定を根拠として、この日に王公族が廃止されたと主張する。しかし、敗戦後に新皇室典範の立案を担った臨時法制調査会の萩原徹は、王公族と華族を一括して「その他の貴族」と解釈するには若干の疑問があると述べている。皇族が「貴族」に当てはまらなかったにもかかわらず、王公族が「貴族」に当てはまったと考えるには、やはり無理があろう。

皇族でないにもかかわらず皇族の礼遇を受け、華族と区別された王公族は、その身分の廃止に関しても皇族や華族とは異なる個別の措置がとられなければならなかった。しかしそれがなされなかったのだから、王公族はいまだに消滅していないと考えられなくもない。

しかし、朝鮮が日本から独立した以上、併合の象徴である王公族がいまだ存続していると解釈するのは不合理である。したがって、一九四七年五月二日に最後の勅令として公布施行された「外国人登録令」によって、王公族が在日朝鮮人と同様に「外国人」になったときに消滅したと考えるのが妥当ではないだろうか。だが、あくまで王公族身分は皇室制度の側から主体的に解消されたことはなく、「外国人」への移行という外的要因によってのみ消滅したといえる。

ところで、王公族が「外国人」になり身分を失ったからといって、その瞬間に日本国籍までも喪失したわけではなかった。日本政府とGHQの政策により、在日朝鮮人は対日講和条約にもとづいて国籍の取り決めがなされるまでは依然として日本国籍を有すると決められていたため、王公族も同様に日本国籍のままだったのである。その後、一九五二年四月二八日の対日講和条約の発効によって法務府民事局長通達第四三八号「平和条約に伴う朝鮮人台湾人等に関する国籍及び戸籍事務の処理について」が出ると、在日朝鮮人は本人の意思とは関係なく日本国籍を剝奪された。このとき、王公族も同じく日本国籍を喪失したのである。

こうしたなかで、李垠は当初大韓民国へ帰る機会を窺っていた。しかし、「王政復古」への危機感を抱いていた李承晩《イ・スンマン》は、旧皇室の正統が戻ってくることを快く思わなかったため、帰国は実現しなかった。一九五〇年に李垠の息子・李玖がアメリカ留学のために大韓民国政府にパスポートの発給を依頼したときも許可が出ず、李垠と方子は宮内庁に了解を取って日本政府の臨時旅券で準備を進めた。ところが、それを聞いた大韓民国駐日代表部の金龍周《キム・ヨンジュ》公使が慌てて自身の個人名でパスポートを発給したため、李玖はこのパスポートでアメリカへ出発した。その後、李垠と方子はマサチューセッツ工科大学の李玖の卒業式に参加するため大韓民国政府にパスポートの発給を申請したが、このときも許可されなかった。しかし大学の招聘状があったので、日本政府が臨時にパスポートに代わる旅行証明書を発行し、それで渡米できたのではないかと考えられている。

李王家は終戦時に内地だけで九百六十万円の資産を持っていたが、七八％に当たる七百五十万円を財産税として納税しなければならなかったため、貧しい生活を余儀なくされた。紀尾井町の本邸は参議院議長公舎として間貸しし、李垠と方子は侍女部屋に暮らした。対日講和条約の発効後は大韓民国が駐日大使館として使用するために四十万ドル

（手付金二十万ドル）で購入することになり、参議院議長公舎の契約を解除した。しかし大韓民国政府からその後送金はなく、李垠は本邸を衆議院議長の堤康次郎（西武グループの創業者）に四千万円で売却する。堤の手に渡った本邸は改装されて、一九五五年に三十五の客室を備える赤坂プリンスホテルとして開業した。

紀尾井町の本邸を失った李垠と方子は、田園調布の駅近くにあるこぢんまりとした家を購入して移り住んだ。伊藤博文から譲られた大磯の滄浪閣のほか、三島の楽寿園、伊豆山、伊東湯川、今井浜などの別荘は貧困生活のなかで次々と人手に渡り、最後に残った那須の別荘も李玖の卒業式にアメリカへ行く費用を捻出するため売却された。アメリカに渡った李垠と方子は、永住権を取得してI・M・PEI・エージェンシーに就職した李玖と共に「親子三人水入らずの生活」を始めた。しかし、一九五八年三月一六日に李垠が脳血栓で倒れ、さらに滞在費も乏しくなったので、夫婦は再び日本に帰ることを決意する。

李垠と方子が日本に帰ってしばらく経った一〇月二五日、李玖は仕事で知り合ったウクライナ系アメリカ人のジュリア・ミューロックと結婚した。一九六〇年六月に李垠と方子は李玖夫妻に会うために渡米を計画したが、今回は大学の招聘状に相当するものがなかったので、旅行証明書を発給してもらえなかった。そこで李垠と方子はパスポートを得るために日本に帰化するという方法を選択する。

一方、大韓民国では、李垠たちの帰国を拒否してきた李承晩が一九六〇年四月に失脚し、代わって尹潽善《ユン・ボソン》が大統領に就任していた。すると今度は各方面の人間が旧韓国皇室の李垠を政治に利用しようと動き出す。大韓民国政府は翌六一年に李堈の息子李寿吉を旧皇室財産事務総局長に任命して三月に渡日させ、李垠夫妻に帰国準備の名目で百万ウォン（七百二十万円）を渡した。七月三日に朴正熙が大韓民国の国家再建最高会議議長に就任すると、李垠を帰国させる計画はさらに加速する。しかし、このころ李垠は脳軟化症ですでに意識が混濁しており、方子も乳癌手術を受けて体調がよくなかったため、帰国はすぐには実現しなかった。

一九六一年一一月一二日、渡米途中の朴正熙《パク・チョンヒ》大統領が日本に立ち寄って李垠に花束を贈呈し、方子にいつ帰国してもかまわない旨を伝えた。そして翌六二年一二月一五日、大韓民国国籍法第一四条第二項の規定にもとづく国籍回復審議委員会の建議を経て、李垠と方子が大韓民国の国籍を回復した旨が告示された。これにより、李垠と方子は六三年一一月二二日に特別機で羽田から大韓民国に帰国する。李垠はキリスト教の洗礼を受けていたので、金浦《キンポ》空港に到着するとソウルの聖母病院へ運ばれた。このとき三〇キロに及ぶ道程は李垠の帰国を歓迎する市民で埋め尽くされた。

それから七年後の一九七〇年四月二八日に李垠と方子は結婚生活五十周年を迎え、病院で金婚式のミサが開かれた。李垠が七十二年の生涯を閉じたのは、三日後の五月一日である。

方子は大韓民国に障害者福祉財団明暉園を設立して福祉活動に専念した。福祉活動は李垠が計画したことであり、明暉とは李垠の雅号であった。彼女は一九八九年に八十七歳でこの世を去る。

李玖は一九六三年にジュリアと大韓民国に渡り、その後しばらく日本で暮したが、九六年に大韓民国へ永住帰国した。その間の八二年にジュリアと離婚し、大韓民国では全州李氏の宗親会である全州李氏大同宗約院の当主を務めたりしたが、二〇〇五年に東京の赤坂プリンスホテルで逝去した。

李堈公家を継いだ李鍵とその家族も対日講和条約の発効によって日本国籍を喪失する。李鍵は「外国人登録令」の施行で「外国人」になった翌日に日本式の桃山虔一に改名し、誠子、沖、沂、沃子もそれぞれ佳子、忠久、欣也、明子と改名した。やがて結婚当初から溝のあった夫婦は、五一年五月に離婚した。佳子は復籍して松平佳子となり、虔一、忠久、欣也、明子は五五年三月一日に日本に帰化して日本国籍を取得した。

李鍵（桃山虔一）は離婚直後に秩父地方出身の前田藤吉の長女・美子と再婚して孝哉（開成学園の教頭を務める）をもうけ、九〇年一二月二一日に没した。李鍵の通夜には三笠宮崇仁（昭和天皇の弟）がわざわざ浦和まで足を運んだという。

最後に、李太王の子として王族となった李徳恵にも触れておきたい。彼女は一九一二年四月一日に在朝鮮の内地人子弟や少数の朝鮮人上流階級の子弟が通う日の出小学校の二年生に入学するが、二五年四月に東京の女子学習院本科に編入した。この間の二一年五月四日に正式に徳恵と命名されているが、それまでは単に阿只《アギ》（赤ん坊の意）と呼ばれていた。上京直後から不眠症や突然屋外に駆け出すなどの奇行が目立ち、精神科の診断の結果「早発性痴呆症」であることが判明する。三一年三月に女子学習院本科を卒業すると、五月に対馬宗家の宗武志《そうたけゆき》伯爵と結婚し、王族から華族になった。

終戦後の一九四六年、宗一家は財産税を納めるために上目黒の自邸を売却し、同年秋頃に下目黒の小さな家へと引っ越した。徳恵が精神科の病院として古い歴史をもつ東京都立松沢病院に入院したのはこの頃と考えられている。

宗一家は一九四七年五月三日の新憲法の施行によって華族の身分を失い、一般の日本人となった。徳恵と長女・正恵は宗武志の戸籍に属していたため、五二年四月二八日の対日講和条約の発効後も日本国籍のままであった。徳恵は五五年頃に宗武志と離婚するが、そのときも彼女は新たに梁氏の戸籍を創設して梁徳恵になっただけであり、国籍に変化はなかった。しかし六二年一月二六日にソウル大学病院に入院するために特別機で羽田からソウルに渡ったのを契機に、彼女は大韓民国国籍を回復する。

一九六六年二月三日に昌徳宮の南東にある楽善斎で尹大妃（純宗の妃）が逝去すると、徳恵は三年の喪に服したのちに、尹大妃に代わって楽善斎に入った。その後、彼女は失語症にかかって何も語らず、晩年は寝たきりで過ごしたという。そして八九年四月二一日、平素世話をしていた看護婦二名に見守られて、楽善斎の寿康斎で永眠した。

（注）王公族の創設過程および高宗純宗に対する国葬礼遇の詳細に関しては、拙著『天皇の韓国併合　王公族の創設と帝国の葛藤』（法政大学出版局、二〇一一年）を参照されたい。

第三章

「国葬」と儀軌

深まる謎

調査開始以来、私たちは宮内庁に通い、儀軌の閲覧を重ねた。そしてその内容を詳しく分析してみると、ひとつの傾向が浮かび上がってきた。葬儀に関する儀軌が最も多く、全体の約四割に及んでいるのだ。なぜ、儀軌の本家ともいえるソウル大学奎章閣が「吉禮」や「嘉禮」と分類している儀軌ではなく、「凶禮」と分類している「葬儀」の儀軌が多いのだろうか。

「これだけたくさんの儀軌があって、なぜ葬儀の儀軌を多く選んでいったのかというのが僕の疑問なんだよね……」

九州大学韓国研究センターの松原孝俊教授の問いかけに、佐賀大学の永島広紀准教授はこう推論した。

「葬儀は国家最大のイベント、沿道に人々がつめかけて実際に見ることができる儀式なので、

手前左が新城氏、右が永島氏、奥が松原氏

視覚に訴える効果が大きいからではないか」

九州大学の新城道彦助教は、高宗と純宗の葬儀にはかなりの違いがあると興味深い指摘をした。

私たちは、白板に年表を書いて考えた。

宮内省が儀軌の譲与を依頼する書簡を総督府に送ったのは一九二〇年。そして実際に儀軌が宮内省に譲与されたのは一九二二年五月とわかっている。

二人の君主は、ちょうどその前後に亡くなっている。高宗が一九一九年、純宗が一九二六年である。私たちは儀軌が日本に渡る前後に朝鮮で行われた、この二人の葬儀を詳細に見てみることにした。

朝鮮王朝最後の国王・高宗の葬儀と独立運動

一九一九年一月二一日、朝鮮王朝第二十六代国王にして大韓帝国初代皇帝の高宗が死去した。日本が「李太王」と呼んだ人物だ。

高宗は、この日、いつも通り王宮にいて、特に具合が悪いということもなく、夕食をとってくつろいでいた。しかし、夜になり急に左手にしびれを発し、瞬時に危篤状態となり亡くなったという。死因は脳溢血とされたが、毒殺説も存在している。

お堀を挟んで宮内庁書陵部の真向かいにある国立公文書館。ここに残る「故李太王国葬書類」を見ると、そのなかには、高宗の容態の急変から刻一刻と変化する状況を、朝鮮から日本に伝える文書が綴られている。

日本政府は、高宗の死の五日後には、葬儀を「国葬」として行うことを決めている。韓国併合時、「皇族の礼を以て」遇することを、明治天皇の詔書で約束した日本政府。高宗の葬儀を「国葬」とすることで、朝鮮民衆に李王家を丁重に扱っていることをアピールしようという狙いがあった。

葬儀は、直近に行われた皇族の国葬である有栖川宮威仁親王の葬儀（一九一三年）に則ることとなった。葬儀の日取りや諸経費については、当初、「一か月以内に行い、今年度予算内で処理」と、いかにもお役所らしい。しかし、そうはいかなかったことが記録からうかがえる。

「葬儀の日は朝鮮古来の慣習に依れば大重要なる問題のごとく、薨去以来李王職に於いても慎重協議」と記されている。「旧慣に基く適当の日」としては、三月三日のほかには二月一六日しかなく、「余りに時日切迫し諸般の準備上支障あり」として三月三日に決まる。この日取りが、歴史上重要な意味を持つことになるのである。

高宗の「国葬」と「三・一運動」

高宗の「国葬」は一体どんなものだったのか。それを物語る記録も宮内庁書陵部に保管されている。「李太王国葬儀写真帖」。表紙の厚みやそこに書かれた文字、写真を貼ってある紙の材質など非常に立派かつ丁寧な造りで、恐らくかなりの部数限定で作成されたと思われる。

ページを開くと、大ぶりの榊を載せた輿を白い装束を身につけ黒い帽子をかぶった神官たちが囲む写真が飛び込んできた。日本政府は、日本の皇族の国葬に習い、高宗の葬儀も「神道式」で行ったのだ。

高宗の先代・哲宗の国葬儀軌（口絵参照）を見ていただくとわかると思うが、朝鮮の葬儀は原色の競演ともいえる豪華絢爛な世界だ。それによって魂を慰める意味があるともいわれる。王の亡骸を納めた輿も色鮮やかな彩色が施され、隊列の人々の装束も、魔除けのための人形・方相子をはじめとする葬具も、実に色とりどりだ。それにひきかえ、日本の「神道式」の葬儀はご存じのように、緑色の榊以外はほとんど色のない世界。その違いは一目瞭然だ。

日本側は、国葬の参列者の資格や服装にも様々な制限を設けた。こうした規制は、朝鮮側の不評を買っていた。

朝鮮全土に広がった三・一運動（出典：『写真で知る韓国の独立運動 上』国書刊行会）

さらに、高宗の国葬の二日前、京城（現在のソウル）では、高宗の死をきっかけに、「独立万歳」を叫んで民族の独立と団結を訴える「三・一運動」が起きていた。

高宗の死を悼むために、民衆は朝鮮全土から大挙して京城へと押し寄せていた。

日本の朝鮮進出によって、君主の座を追われた前王・高宗。その葬儀が、五百年の伝統を持つ豪華な朝鮮式ではなく、未だかつて見たこともないおそらくは地味とも見える日本の神道式で行われたことは、民族の独立と団結を求める民衆たちの心を駆り立て、三・一運動に火をつける一因となったといわれる。

「李王職」事務官として朝鮮にいた権藤四郎介は、当時の様子を自らの著書『李王宮秘史』に綴っている。

「朝鮮の如きは古来礼儀の国である。或る意味に於ては礼儀亡国とも云ふべきまで礼を重んずる国情である。

（中略）

太王殿下の国葬を行ふにあたり、多年敢行し彼等の誇りとせる典礼を棄てて、特に日本古例の形式を強行するに至つては彼等が自己本来の面目を無視されたと思ふのは止むを得ない」

「三・一運動」はその後、京城から朝鮮全土に広がり、韓国併合時代最大の民族運動となった。併合以来、大規模な民族運動を朝鮮で起こさせずにきた日本にとって、大きな打撃となった。この事態を受けて、当時の朝鮮総督・長谷川好道は辞任に追い込まれ、斎藤實《まこと》が新たな総督として朝鮮に赴くこととなる。朝鮮統治の原則を「武断統治」から「文化統治」へ大きく転換することを余儀なくされた。

宮内省が高宗の死去を受け、その記録を作るとして、「朝鮮王朝儀軌」の譲与を求める書簡を朝鮮総督府に送ったのは、この翌年のことであった。そして、大量の国葬の儀軌を含む百六十冊あまりが実際に宮内省に譲られたのは、さらに二年後の一九二二年である。こうした切迫した状況のなか、儀軌は、記録作り以外にも注目されることになっていったのではないかと考えられる。

「民情」に配慮した純宗の国葬

高宗の死から七年後の一九二六年四月、高宗の長男で大韓帝国最後の皇帝であった純宗が死去した。日本が「李王」と呼んだ人物である。このときの葬儀に関する詳細な記録も、国立公文書館に保管されている。日本政府作成の報告書「故大勲位李王国葬書類」。一五センチはある分厚い記録が五冊に及ぶ。調査チームの一人である九州大学の新城道彦助教が、大学院生時代、論文を書くためにこの記録を複写する際、あまりに膨大なため、泣く泣くコピーを諦めたページもあったという代物だ。

手痛い失敗をした高宗の葬儀の反省から、純宗の葬儀について日本政府はいち早く「朝鮮固有の式」で執り行うことを決めた。その理由として、朝鮮民衆の「人心に及ぼす影響」を考慮したと記されている。

五冊の記録からは、朝鮮民衆の心情について、日本政府が非常に神経をとがらせていたことがありありと浮かび上がってくる。日本政府は、「国葬ト民情」という報告書をわざわざ作成している。

朝鮮では原則的に集会が制限されていたが、国葬の際には、高宗のときと同様、大勢の民衆が朝鮮全土から押し寄せてくる。この機会を、再び「三・一運動」のような独立運動を起こす好機と捉える勢力がいるとして、日本政府が地方の些細な動きにまで目を光らせていたことが克明に記されている。朝鮮各地で純宗の死を悼み、「慟哭式」が「流行」していることに危機感を示し、その心情や発せられた言葉を分析している。

「李朝ノ終焉、最後ノ帝王ハ逝ケリ」「今日初メテ韓国ガ併合サルル様ナ気持ナリ」、そして

「次第ニ反抗的気勢ヲ揚ゲムトスルノ傾向ヲ帯ビツヽアリ」として、厳重な警戒態勢を敷く。報告書は様々な流言についても触れている。李垠と結婚した日本の皇族・方子妃を「毒殺すべしという説相当有力なり」ともあり、騒然とした空気が伝わってくる。

儀軌を詳細に研究した葬儀計画

純宗の死去から五日後、日本政府は「葬儀委員会」を設ける。葬儀委員長は朝鮮総督府ナンバー2の政務総監・湯浅倉平。日本側は現在の官房長官にあたる内閣書記官長の塚本清治がとりしきる。純宗の国葬が当時の日本にとっていかに重大事であったかがわかる。この両者の間の詳細なやりとりが「李王国葬書類」には大量に含まれている。

記録を見ていくと、「朝鮮王朝儀軌」を参考にしたと思われる箇所が随所にあることがわかった。朝鮮王朝の国葬には実に様々な儀式があるが、日本人にはなじみのないものが多い。すべての儀式を行うことはできないため、純宗の国葬で行う儀式を選び出し、それぞれについて「国葬として行う諸議の読方及意義」として、詳細に説明している。

更に、この記録のなかには、何ページにもわたる葬儀の隊列図がある。儀軌のように魅力的な絵ではないが、簡易な図が書かれ、その横にはそれが何を指すか説明が加えられている。

試しに、高宗の先代「哲宗大王」の国葬の儀軌と比べてみると、その隊列図がぴたりと重な

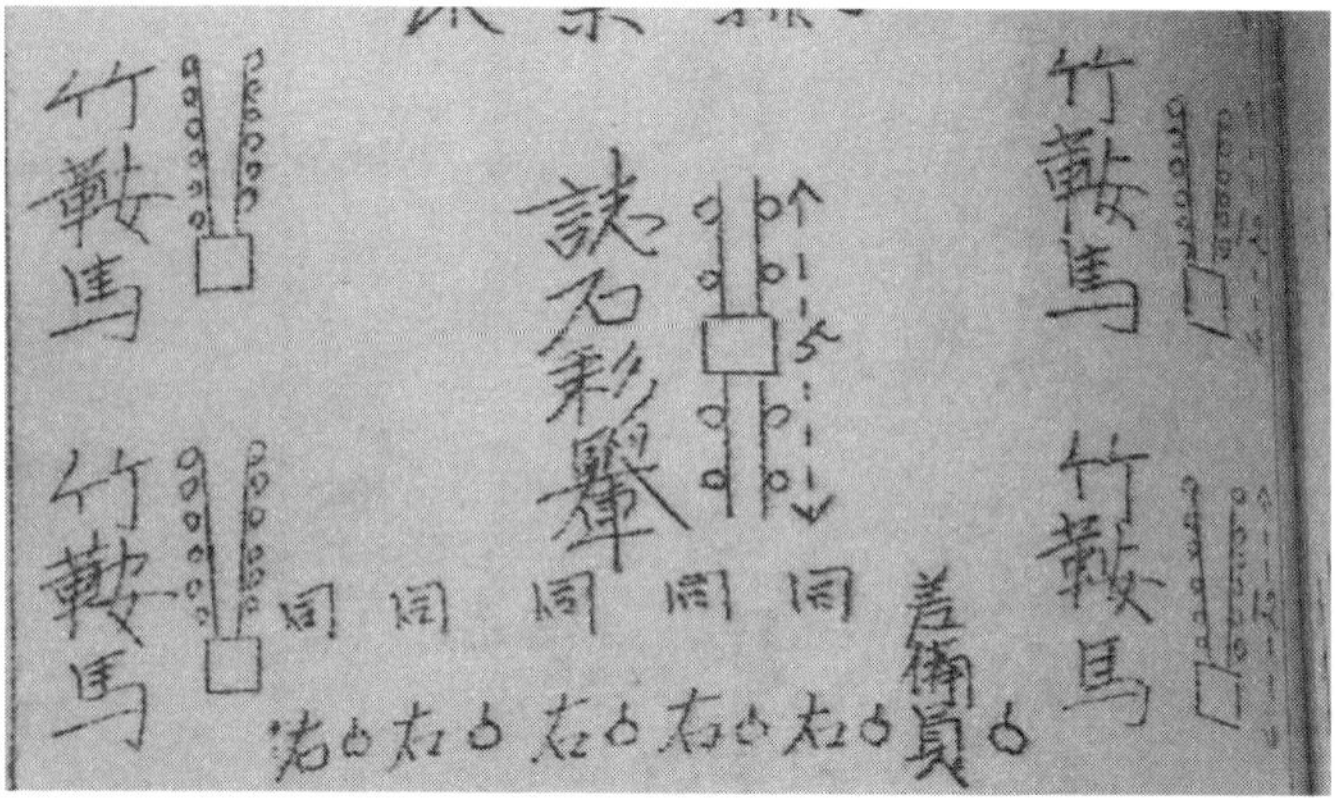

故大勲位李王国葬書類

るものが多数見つかった。

例えば、上図（日本政府作成「故大勲位李王国葬書類」）と次ページの図（「哲宗大王国葬都監儀軌」）。日本政府作成の報告書にある人物、旗、葬具などの配置も名前も、儀軌と全く同じである。いまのように、ファクスもなければ、図をスキャンしてメールで送ることもできない時代。日本と朝鮮の双方で同じ儀軌を参考にしながら、やりとりをしていたのではないかと推測される。

例えば、朝鮮側から「竹鞍馬を左右に四体ずつ配置する」と説明されたとしたら、日本の官僚には全く何のことかわからないだろうが、儀軌のこのページ（次ページの図）を見ながらであれば、正確に意思の疎通が図れるというわけだ。

「一見朝鮮式」の葬儀

「民衆の心情」に配慮して行われた「朝鮮式」の国葬

哲宗大王国葬都監儀軌（宮内庁書陵部所蔵）

だが、実は完全な「朝鮮式」ではなかった。

報告書のなかには、京城で開かれた葬儀委員会の速記録が残されている。葬儀委員会は、朝鮮総督府ナンバー2の湯浅倉平を葬儀委員長にしているが、委員のなかには朝鮮人も含まれている。「朝鮮式」の国葬を行うために、日本政府が敢えて加えたためだ。

その葬儀委員会で、日本側と朝鮮側で最も意見が対立したのが、「銘旌《めいせい》」と呼ばれる亡き王の諡《おくりな》を書く旗に何と書くかをめぐる議論であった。「銘旌」は、葬列で最も重要な王の亡骸を納めた輿の前に掲げる旗のことである。儀軌を見ると、赤い細長い旗で、朝鮮王朝の象徴ともいえる龍がその上に鎮座している。

韓国併合の際に詔書で定められた純宗の称号「李王」が適切であろうという日本側の意見に対し、朝鮮側委員は、純宗が大韓帝国最後の皇帝であったことから、「皇帝」と記したいと主張する。そのやりとりを見てみよう。

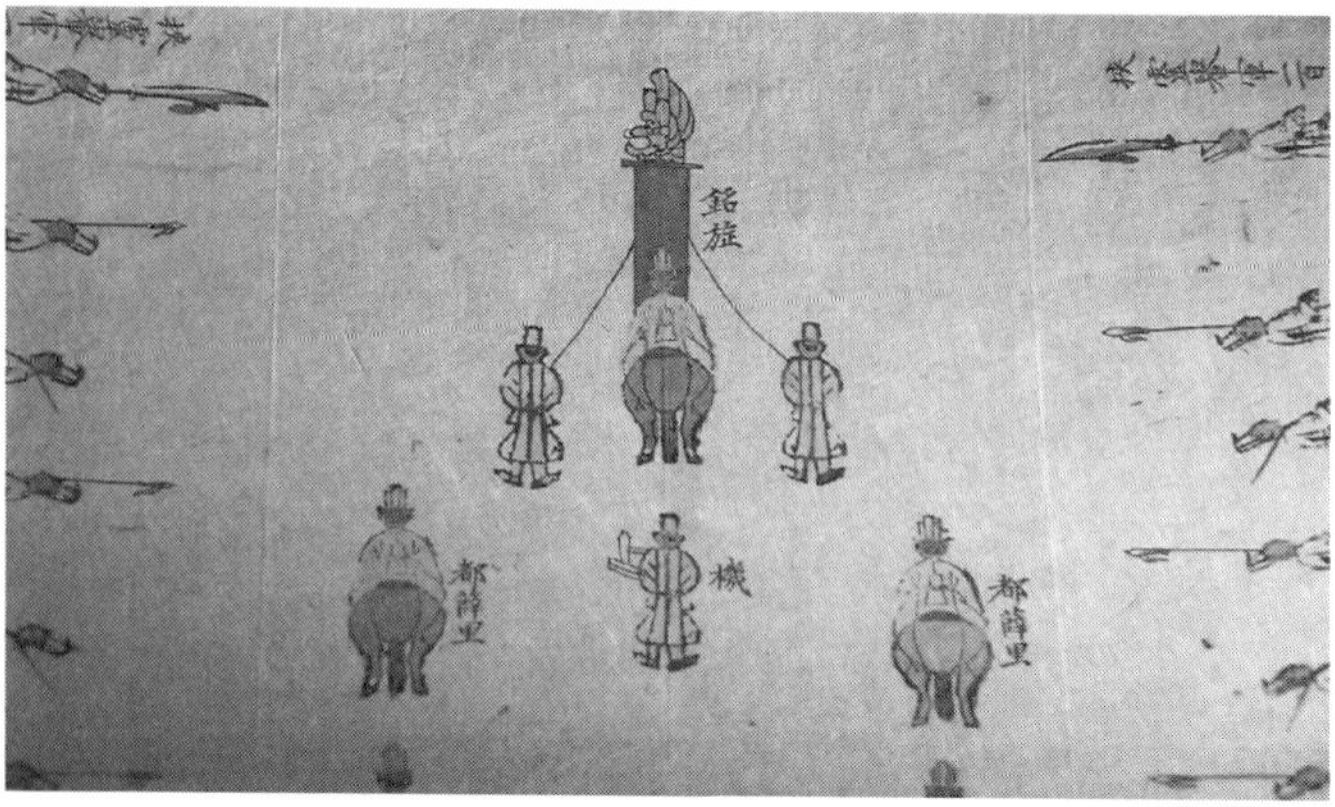

「哲宗大王国葬都監儀軌」に記された「銘旌」（宮内庁書陵部所蔵）

朝鮮側の李夏栄《イ・ハヨン》委員は言う。

「朝鮮の皇帝をされた方であります。それが人民の希望でもありますから、『皇帝』と申したところで、唯今朝鮮を独立させるという意味でもない」

先王・高宗の葬儀の際に、民衆が次々に「独立万歳」を唱え、「三・一運動」が起きたことを日本側、朝鮮側双方の委員が強く意識して議論は行われていた。

葬儀委員長の湯浅倉平は、朝鮮側の主張に反対する。

「日本帝国の歴史においては、未だかつて天に二君あるということを認めた例はない」

宮内省から派遣された李王職次官の篠田治策委員も発言する。

「歴史からいえば李王五百年来、銘旌に皇帝ということを書いたことがありません」

純宗の父・高宗が初めて皇帝を名乗ったのだから当たり前だが、篠田委員は歴代国王の葬儀の銘旌を確認したのかもしれない。その確認元も儀軌だったのではないかと思われる。

朝鮮側の尹徳栄《ユン・ドギョン》委員がこれに反論する。

「朝鮮の習慣と致しまして（中略）葬儀の際には最高の官職を銘旌に書くことになって居るのであります」

それより低い尊称を用いるのはその人物が罪を犯したときのみだとして食い下がる。

すると、朝鮮総督府の警務局長・三矢宮松委員が反対する。

「この問題は単に葬儀の事務ということでなく、段々より以上の治安の問題にもなりますし、国家の大きい統治の問題にもなります」

議論は紛糾し、朝鮮側委員が次々に辞意を表明。湯浅葬儀委員長は休憩を挟んでまとめようとするが、なかなか朝鮮側は収まらない。

遂に湯浅は、「庶務係に一任」と話し合いを切り上げ、自ら決めることにした。そして、翌日結論を伝えた。

「銘旌とあります所が之を削りまして、黄色錦旛、白色錦旛、それに各々棒持員が附くことになります。その様に決定致しました」

大胆にも、対立のもととなる「銘旌」そのものを国葬の隊列からなくしてしまうことで、収拾を図ることにしたのだ。ちなみに、なぜ「黄色錦旛」と「白色錦旛」かというと、皇族の葬儀に準じて、日と月を象徴するものであるためだという。

国葬の最大の見せ場である王の亡骸を納めた輿の前に掲げる「銘旌」。それがほかの旗に変わって気づかないものだろうかと不思議でならないが、一方で、人々が注目するのは輿であり、だからこそ意外と銘旌は見ないと踏んだのかもしれない。

結果として、純宗の国葬には大勢の朝鮮民衆が集まり、葬列を一目見ようと沿道を埋め尽くした。しかし、高宗のときのような大規模な民族運動は起きなかった。

儀軌を参考にしながら日本政府が行った「一見、朝鮮式」の国葬。それは、韓国を併合した日本の立場を貫きながら、同時に朝鮮民衆への配慮も示すという難しいものであった。

佐賀大学の永島広紀准教授は、この国葬についてこう語った。

「沿道で見ていた一般の朝鮮の民衆は、朝鮮式だと思ったことでしょう。日本帝国としての威厳を保ちつつ、前皇帝に最大限の配慮をしているという、まさに微妙かつ絶妙の演出を試みたと思います。日本史上、空前にして絶後の葬式イベントだったといえるのではないでしょうか。日本が主体となって、朝鮮式で行った最初で最後の国葬。今後もありえないものですから」

九州大学の新城道彦助教は、こう語った。

「諸刃の剣だったと思います。日本式で行って朝鮮民衆の反感を再び買うか。一方で、完全に朝鮮式で行えば、いまなお朝鮮という国があるかのごときとなり、朝鮮王朝を復活させようと

純宗の葬列（写真提供：朝日新聞社）

いう動きを促してしまう危険もあった。その葛藤のなかで行われたといえるのではないでしょうか」

「銘旌」をめぐる朝鮮側委員との攻防は、逐一、湯浅葬儀委員長から東京にいるカウンターパートの塚本内閣書記官長に詳しく伝えられた。「銘旌」がどのようなもので隊列のどこに位置するのか、東京側では宮内省に渡った儀軌をもとに把握し、検討を行っていたのではないかと考えられる。

こうして、亡き王の「国葬」という、いわば国家最大の行事を通して、しかも大韓帝国最後の皇帝の国葬という極めて特別な機会を通して日本政府は、朝鮮王朝の李王家だけでなく、民衆の心情掌握にも成功したといえよう。儀軌はその重要な転換点で、図らずも役割を果たしていたと考えられる。

「主」を失った朝鮮のその後

一九二六年の純宗の死去によって、韓国併合以前の、朝鮮王朝の国王、そして大韓帝国の皇帝経験者はいなくなった。純宗の跡を継ぎ、李垠は「李王」となるが、その暮らしの場は日本であった。皇族男子と同様に十八歳で陸軍に入隊し、このときには参謀本部付兼朝鮮軍司令部付になっていた李垠は、いつまでも朝鮮に残ることはできず、葬儀の十六日後には帰京した。五百年以上続いた朝鮮王朝の王宮は、文字通り「主」を失った。そして、この年の一〇月、まるでそれにとって代わるかのように、朝鮮王朝が代々政《まつりごと》を行った正宮・景福宮の中央に、コンクリート造りの巨大な朝鮮総督府の庁舎が完成した。

同じ年、日本では、李垠と方子の婚約報道以来十年にわたり議論され、日本政府が儀軌に注目するきっかけになったとも考えられる「王公家軌範」が成立する。李王家を日本の法のもと、どう位置付けるかという併合以来の懸案が、ようやく定まったのだ。

「朝鮮王朝儀軌」は、李王家を日本の皇族や華族のなかにどう位置付け、組み込んでいくか、そしてそれによって朝鮮の民衆をも日本と一体化させるという壮大な目的のために日本政府が試行錯誤を繰り返すなかで日本に渡ったといえよう。朝鮮という、五百年もの長い歴史と独自の文化を持ち、多くの民衆を抱える独立国家を初めて統治することになった日本。朝鮮を円滑に統治するために李王家の権威に注目し、「皇族の礼を以て」遇すとしながら、湯浅政務総監の言う通り、「天に二君ある」ことを認めるわけにはいかなかった。その統治に戸惑い、ほころびを修正する過程で儀軌は必要とされたといえるのではないだろうか。

一方で、この当時までの日本は、異質なものを受け容れる寛容さをまだ持ち合わせていたという意見もある。大英帝国のなかにインドがありアフリカがあるように、大日本帝国のなかに朝鮮や台湾など異なる文化が存在することが、いわば大国の象徴であると。しかし、一九三〇年代以降、そうした余裕はなくなっていった。創氏改名や神社崇拝など、日本式を遍《あまね》く広げる傾向が強まり、異なる文化を保とうという空気は消えていったと。宮内省が朝鮮総督府に依頼し「特例」として日本に渡った儀軌も、その後、追加で依頼されることはなかった。

高宗と純宗は生涯を朝鮮で暮らし、朝鮮で亡くなった。しかし、十歳にして伊藤博文によって日本に連れられ、日本の皇族・梨本宮方子と結婚し、日本で暮らした李垠の場合、もしも日本の朝鮮統治が続いていたら、どうなりえただろうか。

新城助教はこう分析する。

「李垠の葬儀は東京で行われたかもしれません。そのときには、まさに宮内省にある儀軌を用いて、日本で初めて、日本人の手によって朝鮮式の国葬が行われることになったかもしれません。そうした事態に備えようという意識が当時の日本政府のなかにあったのではないかと思います」

戦後の李王家と儀軌

実際には、その後、李王家と儀軌はどうなったのだろうか。

一九四五年八月、終戦によって日本の朝鮮統治は終了。日本による朝鮮統治を円滑に進める上で、その象徴とされた李王家の役割も終わった。

李垠や方子はじめ李王家の人々は一九四七年、「王公族」の身分を失った。また、GHQにより、それまでの王公族の特権は廃止され、高率の税を納めなくてはならなくなり、経済的に困窮した生活を強いられるようになった。

李垠と方子は、一九二〇年の結婚後、天皇に下賜された一軒の瀟洒《しょうしゃ》な家に暮らしていた。東京紀尾井町のグランドプリンスホテル赤坂の旧館として長らく親しまれた白亜の洋館がそれである。日本と朝鮮の皇室初の「政略結婚」で夫婦となった二人だが、幼くして朝鮮の家族から引き離され孤独に生きてきた李垠を方子は気遣い、二人は信頼と愛情で結ばれていた。白亜の洋館は、そんな二人の思い出の詰まった場所であった。

しかし、その家も手放さざるを得なくなり、一家は田園調布に転居する。いまでこそ高級住宅地として知られる田園調布だが、実家の梨本宮家は渋谷、結婚後は紀尾井町に暮らした方子にとって、そこはまさに「郊外」であった。

二人はその後、韓国への帰国を望み、初代韓国大統領・李承晩《イ・スンマン》に夫婦で掛け合うが、冷たくあしらわれてしまう。李承晩にとっては、朝鮮王家の直系である李垠が帰国すれば、自らの地位が脅かされかねないとの懸念があったといわれている。

幼少時から日本で暮らし、長じてからは陸軍士官として生きてきた李垠には、戦後の荒波を生きるだけの生活力や行動力がなかった。すっかり意気消沈し、無気力になった李垠への苛立ちが、方子の手記には綴られている。

結局二人が帰国を果たすのは、朴正熙《パク・チョンヒ》大統領時代の一九六三年一一月のことであった。しかし、このとき李垠は脳軟化症を患い、意識も混濁した状況であった。ソウルの空港からそのまま病院に入院し、自らの足で祖国を歩むこともないまま、一九七〇年、七十二年の生涯を閉じた。

「朝鮮王朝儀軌」も、日本の皇室と李王家との関係が途切れると共に、その役割を終えた。以来、皇居の一角でひっそりと眠ることになったのである。

（天川恵美子）

『朝鮮王朝儀軌』とは果たして何か？

永島広紀

英国婦人がみた李朝末ソウルの光と陰

わたしは昼夜のソウルを知っている。その宮殿とスラム、ことばにならないみすぼらしさと色褪せた栄華、あてのない群衆、野蛮な華麗さという点ではほかに比類のない中世風の行列、人で込んだ路地の不潔さ、崩壊させる力をはらんで押しよせる外国からの影響に対し、古い王国の首都としてその流儀としきたりとアイデンティティを保とうとする痛ましい試みを知っている。

イザベラ・バード『朝鮮紀行』（時岡敬子訳）より

右の一文は十九世紀末から二十世紀初頭に女流作家として、また旅行家として世界の国々をくまなく回って、とりわけ非欧米社会の政治・経済・法制から自然環境、はたまた生活ぶりや風俗までを生き生きと描写したことで著名な英国人のイザベラ・バード（ビショップ）が一八九四年末から九七年にかけて断続的に朝鮮半島を踏破したときの文章の一節である。

時期的にはちょうど日清戦争の終末期から、世に「閔妃暗殺」の名で知られる王妃殺害事件をはさみ、そして韓国皇帝がロシア公使館に退避（露館播遷）する頃にあたる。そして彼女にはやがて皇帝に即位する朝鮮国王夫妻に謁見する機会が与えられ、また豪華絢爛たる「行幸」という名の宮廷大パレードの場面をも目撃したのであった。

いま、韓国では朝鮮王朝（李朝）時代の再評価が花盛りである。特に格調の高い色彩豊かで巧みな意匠に凝った王朝時代の文物に関しては、これを詳細に解説する書籍のベストセラーが相次ぎ、また映画やテレビドラマでも繰り返し描かれ、そして学校教育や社会教育の場でも強調されてやむことがない。

ただ、かつてはこの時代に対する関心や評価はそれほど高いものではなかったことを、ある年代以上の韓国人であれば誰でも覚えているだろう。むしろ反感を持つ人も少なくなかった。民生を無視して奢侈に耽《ふけ》った亡国の王朝として、嫌悪の対象ですらあった。しかし世界に冠たる経済大国に成長し、ふと自身の来し方を振り返ると、あの忌々《いまいま》しい

「日帝」時代や朝鮮戦争後の苦難を飛び越えて、かつての王朝時代に対する、ともすれば感傷的《センチメンタル》なまでの思いが沸々とこみ上げてきたのかもしれない。また韓国では歴史学界を中心にして、ことさらにかの時代をあたかも理想のユートピアのように解釈しようとする傾向が強い。

その当否はいまここでは問わない。ただイザベラ・バードが描き出すように、朝鮮王朝（大韓帝国）の後半期は、ある種の陰翳と退嬰《たいえい》を伴いつつも、その一方で民心の収攬《しゅうらん》を行いうる高度の芸術的な演出技法を有していたことも事実であろう。たとえそれが国家の財政を破綻させかねない「魔性」を帯びたものであったとしても……。

日韓図書協定と「儀軌」

二〇一〇年一一月一四日、「図書に関する日本国政府と大韓民国政府との間の協定（日韓図書協定）」が締結された。また国会の審議を経て二〇一一年五月二七日に参議院本会議での可決を受けて承認され、同六月一〇日の閣議決定でもって発効したこの条約によって、宮内庁書陵部が所蔵する八十一部百六十七冊の「儀軌」と、さらに六十九部千三十八冊に及ぶ「朝鮮由来の書籍・版本」が韓国側に「引き渡」されることになった。

これら宮内庁で保管されてきた「儀軌」には、すべて一九二二（大正一一）年五月に

図1 各儀軌の末尾に押された寄贈印

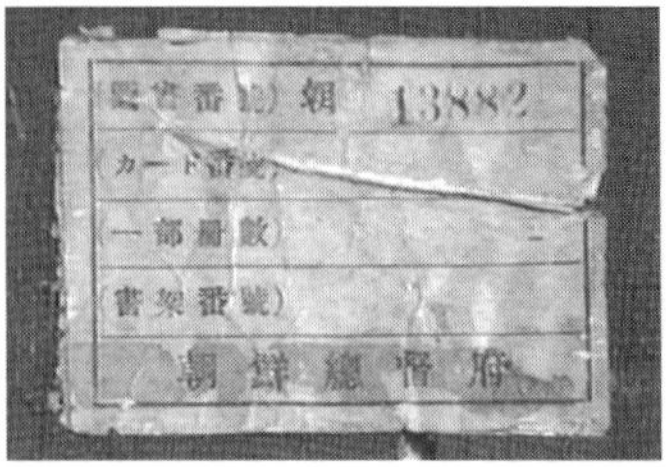

図2 朝鮮総督府移管本に貼付された図書ラベル

朝鮮総督府から当時の宮内省図書寮に「寄贈」されたことを示す朱印が押されており（図1）、またこれに加えて、表紙には朝鮮総督府がかつて整理・分類した際に付された図書番号のラベルが貼り付けられている（図2）。

さらには各書冊の表紙には宮内省時代に図書寮の整理番号を割り振った図書ラベルも貼付されていたが、筆者が二〇一一年七月に閲覧したところ、すでにすべて剝ぎ取られたあとであった。閲覧窓口の係官にその理由を質したところ、「ウチが貼ったものだから（返す前に）剝がした」とにべない答えが返ってきた。いまさら言っても詮無きことではあるが、宮内庁書陵部でも図書課の人々には「宮内省」時期のラベルをはがすことは、それ自体が歴史記録の部分的な破壊行為であるという認識はないのだろうか……。歴史資料を取り扱うプロたちが集う同部の編修課ならば、よもやそのような見識のないことをするとは思えない。今回の儀軌「引渡し」をめぐる一種のドタバタ劇を演出したものの中にはそうした主管官庁の無理解と不勉強があるような気がしてならない。

閑話休題。「儀軌」以外にも、点数としてはその数倍にもなる朝鮮由来の古典籍(「朝鮮本」と呼ばれる)が今後の引き渡し対象となっている。なお一部を除けばそれらは基本的に古書店を通じて別々の時期に購入されたものがほとんどであり、一九二二年の段階で朝鮮総督府から移管されたものは一冊もない。ただ、一九一〇年の「併合」以前に韓国統監を務めた伊藤博文や曾禰荒助《そねあらすけ》が韓国事情の研究と称して日本に持ち帰り、その後は宮内省・宮内庁で保管された書物が少しだけ含まれている。この「統監本」とも呼ばれる書籍はすでに一九六五年の日韓基本条約締結に際しての「友誼」として返還されており、今回の分はその残りということになる。

なお、後で詳しく述べたいが、**図2**に示した朝鮮総督府のラベルに付された番号は、現在、「儀軌」を最も多く所蔵する韓国のソウル大学に付設される「奎章閣韓国学研究院」の図書請求番号との「連番」でもある。なぜ、朝鮮総督府のラベル番号とソウル大学の番号が共通するのであろうか？　そのちょっとした「謎解き」を読者の皆さんとこれから行っていきたいと思う。

「儀軌」とはそもそも何か？

マスコミなどでは一般に「朝鮮王室儀軌」ないしは「朝鮮王朝儀軌」と呼称される儀軌であるが、「王室」なり「王朝」なりの名が冠してあるのは、あくまでも最近の現象であり、便宜的な呼び方に過ぎない。厳密に言えば「朝鮮王室儀軌」なる書名の記録物はこの世には存在しない。

もちろんそれには理由がないわけではない。特にユネスコの記憶遺産（世界記録遺産）として一九九七年一〇月に登録されている「朝鮮王朝実録」が先例となっており、儀軌が一括してユネスコで認定された二〇〇七年六月の段階までにそうした名称が誰かによって付与されたのである。なお、「実録」とは中国では皇帝、日本では天皇、そして朝鮮では国王が代替わりするたびに、先帝・先王をめぐる日々の政事を「史官」という歴史記録の専門官吏によって編年体の記録として編纂されるものである。そしてこの「実録」は次の王朝にそのすべてが引き継がれ、次の王朝は前朝の記録書を「正史」と称して編纂し、さらにその事業終了とともに実録以下の参考史料を原則的にすべて廃棄する習わしとなっていた。ただし、王朝交代のない日本の場合は中国・朝鮮とは同じ「実録」の名でも、かなりその性格と内容には違いがある。とりわけ日本では二〇一一年現在のいまも「昭和天皇実録」が編纂の途中である。

ともかく、「儀軌」というものは実に多様な製作意図や用途に応じた個別のタイトルを有しており、またそれぞれに製本デザイン・装幀も異なっている。よって単純に一種類の資料として一括することは出来ない。

それでも、ある程度は全体的な体裁や内容を説明できないわけではない。言うならば「儀軌」とは国家的な行事、とりわけ王室の祭礼に関わる儀式の一切、つまり冠婚葬祭から定期的な「行幸」、そして国庫から支弁される国家的な造営・建築に至るまでこれらを文字と絵図とで記録した書物群である。判型はおおよそ縦四五センチ×横三二センチ程度に揃えられているものが多いが、中には縦長のものや小型のものもある。また綴《と》じの部分には金属製（宮内庁の儀軌は鉄製）の頑丈なバインダーが用いられていることもある。格式が高い儀式を記録した儀軌であればあるほど、そうした重厚な装飾が施されたのであろう。

また王家の戸籍・家系図に相当する王統譜の類（朝鮮では「璿源録／璿源系譜」と呼ばれる）の編製や代ごとの改訂に際してもそのつど儀軌は作成されていた。つまり「儀軌」とは財政支出を伴う国家儀礼にまつわるすべてについて作成されうる公的な「儀典マニュアル」にして「業務収支決算最終報告書」を兼ねるものであった。また長い年月をかけて編纂される「実録」とは異なり、「儀軌」は比較的短い期間で編集され、しかも一点一点の内容的な完結性が高いのもその大きな特徴である。

なお、儀軌が作成されるにあたっては、通常は何かの祭礼的な行事が生じるたびに臨時に開設される役所としての「儀軌庁」が宮廷内に置かれ、上は大臣クラスの高官から下は写字職人に至るまで大勢の官員に業務の委嘱が行われ、そして業務の終了とともに儀軌庁は解散となる。現代風に言えば「制作委員会方式」あるいは「タスクフォース」を思い浮かべるのが適当である。

そして、儀軌が熱狂的なまでに韓国民の気を惹いてやまないのが、その彩り鮮やかで写実的、かつ一種の戯画的な要素をちりばめた図柄が多用されているところである。その多くは儀礼・祭礼に伴う行列行脚の人員配置図であり、また儀式で実際に用いられる各種の什器や装飾具の類である。言うならば冒頭に掲げたイザベラ・バードが目撃した王の行列も、その式次第を詳細に、しかもカラーの「絵入り」で記録される対象たりえたのである。

さらに同じ「儀軌」の名を冠していても、公的な設宴の際に大量に木版で印刷されて臣下たちに広く配布された「進宴儀軌」や「進饌儀軌」などは装幀も簡略で、かつ判型も一回りほど小さいのである（三七センチ×二四センチ程度）。

ともあれ、「儀軌」というものが有する記録資料的な価値とは、まずは主君の即位から退位までを編年体で記録する「実録」と、王統譜である「璿源系譜」を編集するための基礎データ集であることに尽きるのである。詳しくは後に譲りたいが、このことが一九二〇年代の初めにソウル（当時の京城）から東京の宮内省に儀軌が移された最も大きな理由となっているのである。

「儀軌」の保管方法

さて、儀軌は正本である王宮内の書庫での保存用（「御覧本」と呼ばれる）に加えて、複数部の副本が一緒に制作されるのが通例であった。なお、実録は専用の金属活字を用いて印刷されるのに対して、儀軌は基本的にすべて筆写されたものである。また王都の書庫に加え山深い地方に設置される各「史庫」にて前述の「実録」や「璿源系譜」とともに戦火や自然災害での湮滅《いんめつ》・散逸を防ぐために分散して保管されることになっていた。

ちなみに各史庫の場所を示すと以下の通りである。

鼎足山史庫《チョンジョクサンサゴ》（京畿道《キョンギド》・江華《カンファ》）
五台山《オデサン》史庫（江原道《カンウォンド》・平昌《ピョンチャン》）

現在の復元された平昌・五台山史庫／筆者撮影

太白山《テベクサン》史庫（慶尚北道《キョンサンブクト》・奉化《ポンファ》）

赤裳山《チョクサンサン》史庫（全羅北道《チョルラブクト》・茂朱《ムジュ》）

各史庫に共通する建築上のしきたりとしては、実録を特製の函に入れて保管する「史閣」が前面に位置し、その横側ないしは背面に璿源録などを収納する「璿源閣」を配置することになっていた。

江華島の伝灯寺内にて守られた史庫以外は、すべて人里離れた奥深い山中にあり、山寺の管理下で長い年月をかけて保管されていたのである。五台山の場合は古刹として有名な月精寺の末寺である霊鑑寺の住持がその任にあたっていたという。ちなみに五台山も赤裳山も現在ではその周辺がスキーリゾートとして開発が進んでおり、二〇一八年の冬季五輪を誘致したのが、まさに五台の嶺をたたえる平昌である。

「儀軌」は今どこに?

韓国では近年、「文化財ナショナリズム」とでも呼ぶべき雰囲気が濃厚になっている。そのきっかけ・導火線の一つになったのが、かつてフランスが「丙寅洋擾」(一八六六年一〇月)と歴史的に呼ばれる江華島侵攻を行った際に、同島内に設置されていた図書保管の別館である「外奎章閣」から掠奪した儀軌である。これらはその後長らくパリの国立図書館に保管されていたが、この事実がやがてマスコミを通じて広く報道され、各種の返還要求運動が盛り上がりをみせていたところ、二〇一一年の五月、ついに「里帰り」を果たした。同年七月一九日からは国立中央博物館での特別展示として一般公開され、連日多くの観覧者を招き入れていた。ただし、フランス政府も相当にしたたかであり、所有権を放棄しない「永久貸与」という形で決着を図っているのである。しかもミッテラン大統領時代の一九九三年九月の段階ですでに一冊だけ儀軌が韓国に引き渡されており、これは高速鉄道の売り込みのためであったともっぱら囁かれている。韓国のKTX建設に際しての国際入札で、日本の新幹線方式が仏のTGVに敗れたというニュースをご記憶の方も多いだろう。ここには二十世紀の遺物と化した「帝国主義」の残り香とともに、二十一世紀的といえる商業至上主義的なグローバリズムの影がつきまとっている。

実はこれに類似する形で、二〇〇六年七月には東京大学にて所蔵されていた五台山史庫本の「実録」がソウル大学に「寄贈」されたという先例が存在する。そもそも宮内庁の儀軌とは全く異なる時期、一九一〇年代の初めに当時の東京帝国大学に五台山史庫の「実録」が移管され（韓国側からすればこれもまた「掠奪」）、これが一九二三年の関東大震災で焼失してしまったものの残りが近年、韓国に戻ったのであった。そして宮内省に移管された儀軌も――これはかなり偶然なのだが――五台山史庫のものが多かった。それゆえ今、五台山の月精寺が海外に流出した文化財の返還運動のメッカの如き様相を呈しているのも、こうした経緯あってのことである。ちなみに月精寺の最終目的は五台山史庫由来の実録と儀軌をすべて五台山に戻すことであるらしい。はて、実録や儀軌がそもそも月精寺の所有物だったことがあるのだろうか？　王朝政府から命じられて言わば門番をしていただけのはずであるが……。

ともあれ、韓国ではこのようなこともあってしきりにテレビ番組の特集を通じて「奪われた」そして「取り戻すべき」韓国の「流出」文化財問題を頻繁に取り上げて世論の喚起を図っていたのである。

ここであらためて「儀軌」なるものが世界のどこに保管されているのかを簡単に説明しておきたい。

まず最も多いのは言うまでもなく大韓民国である。特に以下の機関に分散して所蔵されている。

ソウル大学・奎章閣韓国学研究院……五百四十六種二千九百四十部

韓国学中央研究院（蔵書閣）……二百八十七種四百九十部

この二機関が群を抜いており、その他では国立文化財研究所や国立中央博物館にも少数ながら所蔵されている。二〇一一年にフランスから戻った儀軌は、目下のところ韓国政府内の文化財庁が所管する国立中央博物館に「仮置き」されている状態であるが、最終的な保管場所はいまのところ決定していないと巷間では伝えられている。なお、その部数は百九十一種二百九十六冊に一九九三年に引き渡された一冊を加えた二百九十七冊である。

なお、右に見える「奎章閣」「蔵書閣」とは、元来は王宮である昌徳宮と昌慶宮にそれぞれ置かれていた御文庫・王立ライブラリーの名称であり、一九一〇年八月の韓国併合後、奎章閣は朝鮮総督府が、蔵書閣は李王職がおのおの引き継ぎ、図書の整理とその管理にあたっていた。

さて李王職とは今ではあまり耳にすることもない組織名であるが、かつての大韓帝国時代に日本の宮内省に相当する政府機関として作られた「宮内府」の官制と人員・物品などを継承した東京の宮内省直轄の組織である。皇太子の身辺をお世話する行政組織を「東宮職」というのと同じネーミングである。よって制度上は朝鮮総督府とは全く異なる人事と予算の体系を有した特殊官庁であった。そして蔵書閣にはその李王職の管理下で茂朱・赤裳山史庫の実録や儀軌が運び込まれており、そのまま一九四五年八月の「解放」を迎えている。その後、朝鮮戦争期に北朝鮮軍によって赤裳山本の実録を奪取される一幕もあったが、引き続き韓国政府によって李王家・李王職の所有物一切は「旧王室財産」の名であくまでも「文化財」として管理されていった。

一九八一年、そのなかから旧蔵書閣の図書コレクションが切り離される形で韓国精神文化研究院の図書館施設として新設される新たな「蔵書閣」に移管された。その韓国精神文化研究院が今の韓国学中央研究院の前身であり、二〇一一年に同研究院は新館を建てて蔵書閣の大幅なリニューアルを行っている。なお、図書コレクション以外の文物はいくつかの変遷を経て今では景福宮内に新設された「国立故宮博物館」に収蔵されて展示公開されている。

とにかく、宮内省や李王職は朝鮮王公族の身辺のお世話や警護などに加えて、書籍や調度品などの物品を管理し、さらには旧王朝時代さながらに「実録」や「儀軌」を編纂していた事実には大いに注目しておきたい。

さて、フランスにあった儀軌が百四十五年ぶりに朝鮮半島に戻ったことで、あとは国外に流出した儀軌のうち、残る大部分は日本の宮内庁書陵部が所蔵してきた八一部一六七冊ということになる。しかし朝鮮書誌学の泰斗である藤本幸夫教授（麗澤大学）の調査によれば、イギリス・大英図書館の朝鮮本コレクションにも「璿源系譜紀略」「整理儀軌」「進饌儀軌」が含まれているという。前述の通り、「進饌儀軌」など大量に頒布されるタイプの儀軌は、古書市場に流れることも多く、よって欧米の大学や図書館などで東洋書のコレクションを持っている機関には必ずといっていいほどそうした儀軌が朝鮮本の一種として購入されている例が見られる。

図書・古文書の収集と整理の「三つのルート」

そろそろ小文も核心の部分に入ってきたようである。つまり宮内庁書陵部にはなぜ朝鮮由来の儀軌が少なからざる分量で所蔵されてきたのか、という問題である。

結論めいたことをあらかじめ言っておきたい。それら宮内庁書陵部の儀軌は意味なく日本にもたらされたものではなく、フランスのように軍事作戦による「戦利品」として暴力的に搬出したものでもない。ある明確な意図の下に活用すべく収集されたものであった。以下、筆者が見いだした実際の史料にしたがって、その歴史的な経緯を復元することにしたい。ただ、その前にもう少しだけ、「前口上」を述べることをお許しいただきたい。

そもそも日本統治期の朝鮮において整理・保存されていった旧王朝時代の記録類は、大きく分けて以下の三ルートで収集されていった。

第一は、東京帝国大学工学部で建築史を担当した関野貞（一八六八～一九三五）の古建築調査をはじめとして、次第に人類学者・考古学者・歴史学者たちにも調査の委嘱が拡大していったいわゆる「古蹟調査事業」に付随する収集のルートである。また土地・不動産の権利関係を精査する必要から「土地調査事業」に付帯する登記文書・戸籍の類が大量に収集されていくことにもなっていた。そして宮廷や地方の史庫に分散されていた実録や儀軌もソウル（京城）に集められることになったのである。こうした歴史的な古文書は基本的に朝鮮総督府学務局が保管することになっており、さらに古蹟調査関係分は学務局が管理運営を行った「朝鮮総督府博物館」へ、そして古文書群は一九二四年に設立される京城帝国大学の附属図書館に一九三〇年代を中心に移管されていった。そしてこの附属図書館内には特殊文庫として「奎章閣」なる名称が付与された。かつて昌徳宮内にあった書庫の名を受け継がせたのである。さらに言えば、この京城帝大の組織・施設と資産を接収して発足したのが今のソウル大学であり、「奎章閣韓国学研究院」である。

続いて第二は、保護国期（一九〇五～一九一〇）の大韓帝国において、乱脈が続いた宮中の財政整理が断行されたことに由来するルートである。この時、王宮内にあった各種の図書記録類が「帝室図書」として宮内府の「帝室財産整理局」に集められて整理されていったのであった。さらにこれを継承したのが李王職であり、その図書保管施設である「蔵書閣」である。

さらに第三は、初代韓国統監である伊藤博文の諮問と委託を受けた民法学者の梅謙次郎（一八六〇～一九一〇）と、その和仏法律学校（現在の法政大学）での教え子達を中心にしたチームで韓国の「不動産法調査」が一九〇六年より開始されたことに由来するルートである。やがてこれは「法典調査局」として正式な官制組織となり、韓国併合後には同局の業務を引き継ぐ「取調局」、これが間もなく廃止されたのちにさらに同局の調査業務と収集物を引き継いだ「総督官房参事官室」のルートである。

この参事官室では梅謙次郎の弟子である筆頭事務官の小田幹治郎を中心にして旧王朝

時代の諸官庁から接収した膨大な図書と文書をわずか数年の突貫作業で精力的に整理したのであった。その成果は『朝鮮図書解題』（一九一九年三月刊）という浩瀚《こうかん》な一書を出版することでいちおうの形となった。

その際、参事官室が管理する書籍の原簿が作成され、「朝〇〇〇〇〇」という通番方式の整理番号が付与されていた。はたしてお気づきだろうか？　この番号こそが、前出の図2にある番号そのものであること、そしてソウル大学の奎章閣番号であることを。参事官室はやがて別の部局に業務移管がなされ消えていく運命にあったが、集められた図書・文書は上記の「第一ルート」、すなわち学務局を経て京城帝大図書館に引き継がれたゆえ、図書番号もそのままソウル大学に継承されたのである。このあとに述べることになる宮内省図書寮と朝鮮総督府参事官室との間での図書移譲をめぐるやりとりも、まさにこの番号を介して行われたことを覚えておいていただきたい。

「鍵」となる史料との遭遇

筆者がその史料に巡り会ったのは単なる偶然であった。佐賀県唐津市には日韓関係の展示を中心事業として掲げる県立の「名護屋城博物館」なる観光名所が存在する。よく知られているように、同博物館は豊臣秀吉の「唐入り／朝鮮出兵」の前線基地として築かれた肥前名護屋城址に隣接して建てられている。そしてまた韓国関係の貴重な史料を収集・整理し、また保存と展示を行っているのであるが、その購入資料の中に、かつて朝鮮総督府に勤務した或る中級官吏の個人文書が含まれていたのであった。

その官吏の名は「有賀啓太郎」といった。失礼ながら歴史研究的にはほぼ無名の人物であるといって差し支えない。正確な履歴や生没年も未詳であるが、東京専門学校（現在の早稲田大学）の卒業生であり、裁判所の書記などを歴任後に韓国統監府の特許局審査官に登用され、併合後も引き続き総督府に勤務した模様である。ただ有賀が属官として勤務した部署は「参事官室」であり、そして直属の上司は「小田幹治郎」であった。


点と線がつながった瞬間は、その有賀の文書を筆者が二〇一〇年六月に閲覧調査した際にふいにおとずれた。資料の束を一枚ずつめくっていたところ、特に前後の脈絡があるわけでもなく、唐突に「**朝鮮図書無償譲与依頼ニ対スル回答**」というタイトルで一九二〇年十月八日に起案された記載がある文書の、しかもその「写し」が挟まっていたのである。その文書には有賀の認め印が押されており、赤ペンで「廃棄」の書き入れも確認できる。何らかの理由で反古《ほご》になった書類を有賀が個人的な備忘のために保存していたのであろうか。

その時は、文書のタイトルをノートに写しとっただけであった。ただ、あまり記憶は定かではないものの、何となく気にはなったのか、念のためにデジカメで撮影していたのである。そして、その後しばらくしてＮＨＫからの取材依頼を受けたとき、「あ、そういえば」と有賀文書の中にあった書類の存在をうっすらと思い出したのであった。改めて内容を読んでみた。卑俗な表現で恐縮であるが、まさに「真ん中ストライク」の資料であった。

　ちなみに珍しい文書であり、それほど長文でもないので、以下にその全文を掲げておきたい。

別紙図書頭ヨリ[1]**李太王及李王時代ノ儀軌類無償譲与方依頼有之候ニ付四部以上現存シ事務上差支ナキモノ各一部**左案ヲ以テ寄贈相成可然哉仰高裁

朝鮮総督府参事官

案

宮内省図書頭宛

[2]**本年九月十八日附図普第一九二号**ヲ以テ李太王及李王時代ニ於ケル儀軌類無償譲与方御依頼ノ趣了承即チ別紙目録ノ通別途鉄道便ヲ以テ送附候條御査収相成度此段及回答候也

追テ嘉礼都監儀軌 第一三二五四号 二冊、上号都監儀軌 第一三四〇七号 一冊、尊崇都監儀軌 第一三四五一号 一冊、哲宗大王祔廟都監儀軌 第一三八五五号 一冊ハ既ニ貴府へ貸付セシモノユへ其儘御留置相成度候也③

佐賀県立名護屋城博物館所蔵「有賀啓太郎資料」一四

この文書を読み解くポイントとしては大きく筆者が①②③の番号を付した三カ所である。まず②からであるが、一九二〇年九月一八日付けで宮内省の図書寮（図書頭）から朝鮮総督府に依頼文書が発出された。「李太王」と「李王」時代にかかる「儀軌」を無償で譲渡して欲しいという内容であった。李太王とは李朝第二十六代国王（初代皇帝）の高宗（一八五二〜一九一九）、李王とは同二十七代国王（二代皇帝）の純宗（一八七四〜一九二六）のことである。

次に見て欲しいのは①である。特に「四部以上現存し事務上差支なきもの各一部」の部分が最も重要である。本書の附録として筆者が作成した宮内庁本の儀軌のリスト中に、同タイトルのものが韓国側、特にソウル大学にどのくらい所蔵されているかを確認できる項目（二一二ページ）を入れているので、詳しくはそちらを参照されたいが、確かに①の記述を裏付ける結果となっている。つまりむやみやたらに譲渡しようとしたわけではなく、あらかじめ朝鮮総督府参事官室の方で「セレクション」をかけた上での無償譲渡であったのである。しかも宮内庁にある儀軌の大部分を筆者が実見したところ、あきらかに傷みや虫喰いがひどいものが多く含まれていた。古文書の保存と修復に関しては古くから定評のある宮内庁書陵部において、そうした破損が進行したとは考えにくい。とすると、朝鮮総督府参事官室での選定に際しては、あまり保存状態の良くないものを優先して東京に送った可能性が高い。そして、その選別基準にひっかかったものの多くがたまたま「五台山史庫」本であったのであろう。そういえば東大に持ち出されてやがて戻っていった実録も実は最終の完成版ではなく「校正刷」であることが分かっている。実録の編纂改修の過程が分かるということに関しては貴重な史料とは言えるのであるが、王朝政府としては五台山の史庫に入れるべき記録類は、製本や装幀のランクがあまり高くないものを収納することになっていたのかも知れない。

これと対照的なのがフランスから戻ってきた儀軌である。元は「外奎章閣」の所蔵であるだけに、「王様のお手元本（御覧本）」が多く含まれており、その装幀の豪華ぶりは見事の一言に尽きる。逆に言えば、宮内庁本に御覧本は一冊も含まれていない。本の骨董価値よりも記述内容そのものが必要とされていたことがここからも分かるのである。

そして③である。この文書の中では補足事項の部分ではあるが、なかなか興味深い内容である。特にこの直前にある部分に見えるように、『嘉礼都監儀軌』（第一三一五四号・二冊）、『上号都監儀軌』（第一三四〇七号・一冊）、『尊崇都監儀軌』（第一三四五一号・一冊）、

『哲宗大王祔廟都監儀軌』（第一三八五五号・一冊）の四種五部がすでに一九二〇年九月以前に朝鮮総督府から宮内省図書寮に貸し出されていたという事実である。かっこ内の数字は図2に見える朝鮮総督府の図書番号である。ただしこの事前貸し出しの時期は今のところよく分からない。しかし参事官室での図書整理に一応の目処《めど》がつく一九一六年頃を大きく遡ることはありえないであろう。

すると次なる疑問が湧いてくる。つまり、なぜ宮内省図書寮は高宗・純宗時代の儀軌を必要としたのであろうか？　これに関しては朝鮮総督府参事官室のカウンターパートである宮内省図書寮が作成した記録の中にその答えが記されていたことが調査の過程であきらかになったのである。

宮内省図書寮と「李王公族実録」の編修

一九一〇年八月における韓国併合条約の締結に伴って朝鮮総督が任命され、日本によるいわゆる植民地統治が始まったことは周知のことであるが、その併合後に元の韓国皇帝とその一族がどのような境遇にあったのかについては、今となってはあまり正確にその史実が伝わっていないのが現状である。

すでに小文では言及してきたように、大韓帝国の皇帝は「廃位」となり、新たに「李王」に冊立され、その一族は「王族」と「公族」とに分けられる「李王公家」が創設された。彼ら王公族は皇族に準じた礼遇を受け、また成年に達した男子の王公族は皇族の成年男子と同様に軍務に就く義務を負うことになった。そして彼らの身辺にまつわる事務は旧韓国時代の宮内府を編制替えした「李王職」が取り仕切っていたことは、すでに紹介したことである。日本政府・宮内省としては王公族の財産管理を行う一方、陵墓の管理や祭礼の実施を行うとともに、公的な記録類の整備、すなわち「実録」編纂の義務を負うことにもなった。

また大韓帝国最後の皇太子にして李王家の王世子に冊立される李垠公と梨本宮方子女王との婚姻を大きなきっかけとする「皇室典範」の改正と「王公族軌範」の制定、そして宮内省の宗秩寮には枢密院議長を総裁とする「王公族審議会」が置かれるなど、法制度の整備が進められることにもなった。

このような中、やがて高宗（李太王）が一九一九年に、また純宗（李王）が一九二六年にそれぞれ薨去するに際しては国葬が営まれ、また太王妃・王妃らの葬礼や祭祀も随時に執り行われていくことになるとともに、王公族の嘉礼吉礼（特に結婚）も制度化されていったのである。

繰り返しになるが、宮内省の図書寮は、歴代天皇の実録とともに李王家の実録を編修する責務が生じることになっていた。その際には朝鮮総督府と、そして宮内省の一組織ではあるものの、実体はソウル（京城）にある李王職との協議によって、朝鮮の古式に則った実録の編纂と儀軌類の作成を行っていたのである。戦後の記述ではあるが、宮内庁書陵部が発行する『書陵部紀要』の創刊号（一九五一年三月）には「編修課事業概要」と題してかつての朝鮮王公族実録の編纂にも僅かながらも紙面を割いており、「**李太王・李熹公・李埈公三方の実録にして、李太王実録三十冊、李熹公実録九冊・李埈公実録七冊より成る。大正八年より着手し、同十二年十一月編修を了した**」と明確に述べているのである。つまり高宗（李太王）、ならびその実兄であり「公族」である李熹公（李載冕：一八四五〜一九一二）、およびその実子である李埈公（李埈鎔：一八七〇〜一九一七）の実録編纂を高宗の薨去後である一九一九年から開始し、一九二三年一一月にこれを終了したという内容である。

今回の返還問題では全く陰に隠れてしまった形であるが、宮内庁書陵部の図書番号中、儀軌類に割り振られた番号（三〇五−七〇〜三〇六−四六）に続く三〇六−四七から三〇六−六九にかけての図書群がまさに高宗・李熹・李埈らに関する記録類の筆写物であり、またこれらの資料が各王公の実録編修に際して準備されたことは見落としてはならないことである（後掲の一覧表を参照）。特に『李埈公略譜』（三〇六－五七）の末尾には「**大正八年七月八日編修　大正九年五月十日補正／王族及公族実録編修担任図書寮嘱託　浅見倫太郎**（印）」との書き入れが確認できる。

当時、宮内省図書寮でこうした王公族の実録編纂を担当していたのは、右にその名が見える浅見倫太郎（一八六八～一九四二）である。浅見は韓国統監府の司法官（判事）出身の漢籍蒐集家であり、職務柄もあって朝鮮社会の書誌情報と古事旧例に通暁していた人物である。なお、一九一八年を最後に朝鮮総督府高等法院判事を退官する浅見は、藤沢に寓居を構えるかたわら宮内省図書寮編修課の嘱託を務めており、李王公族実録編纂用の史料を主として筆写によって収集していたのである。

そして次に掲げる史料を見ていただきたい。先に朝鮮総督府参事官室が宮内省図書寮の求めに応じて無償移管する儀軌の選定を行っていたことを確認したが、さらにそれを宮内省側の史料でも確認することができるのである。「儀軌類図書譲渡の件」と題された文書にはこうある。

先年来王公族実録編修資料トシテ貴府御所蔵ノ図書借用ノ上鈔写致来候[1]処**別紙儀軌類ノ書**[2]ニ限リ**到底鈔写方困難ニ有之候**[3]ニ就テハ貴府ニ於テ御差支無之候ハ無償譲渡相成度然ル上ハ帝室図書トシテ永久保存可致此段及照会候也

宮内次官発・朝鮮総督府政務総監宛「図普第九六号」（一九二二年四月一日付）／宮内庁書陵部所蔵『自大正十年 至大正十一年 図書録』二八八号

まず①にあるように、「先年来」つまり一九二二年時点からそれほど遠くない時期に、王公族の実録を編纂するための資料として朝鮮総督府が所蔵している儀軌を借り出した上で、「鈔写」すなわち筆写していたところ、③にあるように「とうてい筆写するのが困難である」ので是非、無償で譲って欲しいという内容である。そして②に見える「別紙」とは、この文書の付録としてタイプ謄写版の儀軌リストが添付されていることを示しており、このリストこそまさに今回日本から韓国に「引き渡」されることになった儀軌の目録とほぼその書目が一致するのである。「ほぼ」としているのは、宮内庁書陵部の儀軌には一冊だけ古書店から購入した儀軌が含まれているからである。その購入本も一緒に韓国に戻るという。

なお、この文書には付箋として「譲受ノ儀ハ内協議済」と書かれた紙が貼ってある。おそらく先にみた一九二〇年頃に有賀啓太郎が起案した文書に出てくる事前根回しの顚末を示していると推測できるのである。つまり浅見倫太郎が試験的に朝鮮から実際に儀軌を取り寄せて複写物を作ろうとしたところ、あまりの分量と、あるいは細かな絵図が多かったこともあり、おそらく彼の手に余ったことが容易に予想されるところである。

そしてここで図1に戻ると、たしかに一九二二年五月に朝鮮総督府から宮内省図書寮の儀軌寄贈が完了したことを示すスタンプの背景にあるものが、ほぼすべて明らかになったのである。

「儀軌」問題から何が見えたのか?

現在の韓国においては旧王朝時代の「有職故実」を検証する上で極めて高く評価されている「儀軌」であるが、その一方で児童向けの絵本までソウル大奎章閣の全面バックアップで出版されるなど、まさに社会教育的な手法で文化財に関する国民の意識を高めようとしている。このようなことから、韓国ではきわめて現用的で、かつ今日的な利用価値が見いだされている記録物である。これが最も顕著にあらわれているのが、京畿道の水原市で復元された「華城」造営に際して活用された儀軌であろう。細密かつ実測的な図を含んでいるゆえ、建物の構造や石垣の積み方に至るまでそのディテールを忠実に再現することが可能であった。この華城は一九九七年一二月にユネスコの世界文化遺産に登録され、国内外から多くの観光客を集めている。

しかし「儀軌」が有した本来的な性格とは、王家と王朝国家の秩序と安寧を守るための記録であるということに尽きるのである。そして王朝としての連続性と、王統としての正統性をアピールする「実録」「璿源録」を作成するための基礎資料であるという認識は今日の韓国ではほとんどない。あくまでも自国・民族の伝統文化という位置づけであり、決してかつての王朝を復興させようとするものではない。李朝文化への高い評価が、なぜか「王政復古」や「立憲君主制」の導入を議論する方向に向かわない不思議さが韓国社会にはある。

日本側に残る史料には、儀軌を東京に移した理由として明確に朝鮮王公族の実録を編纂する目的を謳っている。確かに儀軌の移管は骨董品や美術品の営利目的の掠奪ではなく、明確な意図と目的の下に収集された作業用の記録物であった。しかしそうした経緯と由来は宮内庁にはほとんど伝わっていない。日本政府、特に外務省と宮内庁書陵部にはフランスの場合のような武力による文化財強奪ではなく、相応の理由があったことを日本と韓国の両国民に知らせる重い説明責任があるのである。

筆者は韓国側にも言いたい。世界史上で王朝・帝政の崩壊と滅亡は通常、内乱・戦争・革命によって起こるものである。共和制の大韓民国は国王・皇帝による専制国家をどのような形で継承し、あるいは否定したのか？　韓国では日本による「韓国併合」を不当不法なものとして、あるいはそもそも成立していないとする意見すら強くなっている。であればこそ朝鮮王朝なり李王家のことをきちんと整理すべきではないだろうか？

日韓両国政府とも、単なる流出文化財の返還／引き渡しの問題に矮小化することなく、韓国併合にともなう朝鮮王公族の出現、そして日本の皇室制度との関係という両国の近代史として決して無視できない、しかし忘れられかけている重要な史実を、韓国併合から百年以上経過し、また日韓基本条約締結から間もなく五十年を迎えようとしている現在、今こそ静かに深く考えてみてほしいのである。

第四章

李王家末裔の願い

高宗のひ孫・李源氏

二〇一〇年一〇月八日。雨が静かに降るなか、小さな輿が王朝絵巻のワンシーンのようにゆっくりとこちらに向かってきた。

ソウル郊外の京畿《キョンギ》道南揚州《ナミャンジュ》市にある洪陵《ホンヌン》。朝鮮王朝二十六代国王にして大韓帝国初代皇帝を名乗った高宗と、その后、明成皇后が合葬された陵である（口絵参照）。そこで執り行われた百十五回目の明成皇后の慰霊祭でのことだ。輿に乗っている人物は、メガネをかけ肉付きがよく、ややふっくらとして、言い方は悪いが普通のサラリーマンのように見えた。彼こそ、旧李王家第三十代当主の李源《イ・ウォン》さん、四十八歳（当時）。高宗のひ孫にあたる御仁だ（口絵参照）。

李源さんは、並み居る一族の長老たちを前にして語り始めた。それは、二か月ほど前に突如出された菅直人総理大臣（当時）の談話についての言及から始まった。

「私たちには手痛い百年の歴史があります。しかし、私たちは伝統文化、精神文化をいままで守ってきたため、奪われたと思っていた部分をこれからひとつずつ取り戻していけるのだと思います」

式の始まりから撮影をしていた私たちは、そらきた！　と思っていた。当主は何か語るのだろうか。語るとすれば、その内容は儀軌に関するものであってほしい。そんな下心を秘めてロケに臨んでいただけに、まさに狙い通りの話が始まって小躍りしそうになった。李源さんは続けた。

「虚礼による儀式ではなく、心から誇りに思い守ってきた朝鮮王朝の儀式がここにあります。このような（筆者注：儀軌が戻るという）結果がひとつずつ実を結ぶ時がきました。これからは、本当の意味での日本との和合のために、私たちが備えるべきものは何かよく考えなくてはならないのです」

儀軌を手がかりに復元した社稷大祭

私たちは、この慰霊祭のほぼ一か月前の九月一二日、ソウル市内で大々的に行われた「社稷《サジク》大祭」で、初めて李源さんの姿を目にしていた。社稷大祭は、二〇〇〇年に国の重要無形文化財に指定された、文字通り韓国を代表する大祭のひとつだが、そこでの李源さんは、どことなく近づきがたい雰囲気を醸し出していた。初めて拝謁する旧李王家嫡統に対するある種の畏れ多さを、こちらが勝手に抱いていたせいもある。「神」とともに儀式を主宰する李源さんに対して、普通の人のようにアプローチするのはたいへんな失礼ではないかと思っていた。そのため、その場での取材はある程度のところでとどめておき、次の儀式があるときに改めて取材しようと考えていた。

社稷大祭は、もともと大地と穀物の神を奉るものとして、一三九四年に景福宮の西側に社稷壇が置かれて以来行われた、朝鮮王朝伝統の儀式である。ところが一九〇七年に日本が社稷壇を「社稷公園」と改称して建物の撤去を始め、一九〇八年には祭礼儀式そのものを廃止してしまう。しかしその後、一九八八年のソウルオリンピック開催を契機に、ソウル市と全州李氏大同宗約院が復元したという歴史を持つ。この復元のときに参考にした歴史資料が、「社稷署儀軌」をはじめとする儀軌類であった。

李源氏が後継者になった経緯

明成皇后の慰霊祭で再会した李源さんに、私たちは畏れ多さを忘れ、早く直接取材したいと思い始めていた。長老を前にした彼の「お言葉」を耳にしたとき、意外にも反日的な考えに凝り固まった人ではないなという確信が生まれていた。意外にも、というのは失礼だが、李王家の王家としての歴史に終止符を打ったのは、ほかでもない日本である。その日本のマスコミが取材を依頼しても、快く協力してもらえるとは思っていなかったからだ。実際、新聞紙上で彼の名を目にすることはあっても、映像で見たことはなかった。はたして、その後正式にインタビューをすることができた日になって初めて、李源さんはこれまで日本のテレビの取材を受けたことがなかったとわかったのだった。

旧李王家の第三十代当主・李源さんは、韓国で高校を卒業した後、父親とともに渡米した。そして学生生活をアメリカで送り、テレビ局に就職した。その後帰国し、韓国のケーブルテレビのプロデューサーとして活躍していた矢先のこと、第二十九代当主、皇世孫・李玖《イ・グ》の急逝（二〇〇五年七月）を受けて、突然「第三十代」になることを告げられた。

日本の皇室初の政略結婚である李垠《イ・ウン》（英親王・大韓帝国最後の皇太子）と李方子（日本の皇族・梨本宮方子妃）の子であった李玖には子がなく、彼の死をもって王家嫡流の血統は途絶えたのだが、李玖の死後、李源さんが彼の養子になることによって、正統な後継者たる「皇嗣孫：皇室を嗣ぐ子孫の意」すなわち第三十代になったのだった。

少しややこしいが、李源さんは、李垠の兄・李堈《イ・ガン》（義親王）の九男・李鉀《イ・ガプ》の長男である。つまり、李源さんは李玖のいとこ甥にあたる。そんな李源さんが、なぜ後継者に指名されることになったのか。全州李氏大同宗約院の事務総長・李貞宰《イ・ジョンジェ》氏は、「先代は日本で暮らしていたため韓国語が話せなかったが、英語で意思疎通のできた李源さんに対し、生前後継指名があった」と私たちに明かした。大同宗約院の理事会は李源さんを後継者に決定し、李源さんはサラリーマン生活から一転、全州李氏一族の頂点に立つ宗約院の総裁として、韓国に現存する朝鮮王陵四十基の慰霊祭をはじめ、朝鮮王朝にまつわる年間百二十あまりの祭祀をこなす、まさに祭祀漬けの生活を送ることになったのだ。

全州李氏大同宗約院の事務所は、ソウル市中心部にある景福宮《キョンボックン》の東に位置する離宮・昌徳宮《チャンドックン》の真向かいにある。ご存知の人も多いと思うが、昌徳宮のなかには、戦後二十年近く経ってようやく帰国を許された李垠、李方子夫妻が晩年を過ごした楽善斎《ナクソンジェ》がある（口絵参照）。ちなみに李垠はこのときすでに脳軟化症を患う身であった。李源さんは幼い頃、この楽善斎で方子女史と何度か会い、昔話などを聞いたことがあるという。先代の李玖と違い、日本人の血を引かない李源さんの目に、方子女史はどう映ったのか尋ねてみた。

「慈悲深く、穏やかで、とても品のいいおばあさまだと思いました」

――方子女史は日本人ですが、そのことに対する意識はありましたか？

「まったく。自分の一族のおばあさまだという感覚しかありませんでした」

李方子女史は、韓国に戻った後は慈善活動に精力的に取り組み、晩年まで特に障害児教育に身を捧げた。もとは日本人でありながら、韓国国民から「国母」のように慕われ、尊敬された李方子女史が逝去したのは一九八九年、李源さん二十七歳のときのことだった。

完全な復元を目指す圜丘大祭

李源さんにとって、そんな想い出のある昌徳宮には強い愛着を感じるという。李源さんの執務室は大同宗約院の事務所が入ったビルの四階にあり、壁全面の窓からは昌徳宮の正門を見下ろすことができる。そんな部屋で、私たちは日本のテレビメディアとしては初めてインタビューに臨むことになった。

まず聞きたいと思ったのは、インタビューのほんの数日前に行われた圜《ファン》丘《グ》大祭のことだった。ソウルのまさに中心、日本の観光客もよく利用するウェスティン朝鮮ホテルの中庭には、周りの風景とは相容れない雰囲気の古めかしい三重八角の塔が建っている。皇《ファン》穹《グン》宇《ウ》という名のその塔は、かつて高宗が中国（清）のくびきから解かれた一八九七年、国号を朝鮮国から大韓帝国にあらため、自らは国王あらため皇帝を名乗った際に始めた圜丘壇祭（圜丘大祭）の名残をいまに伝える史跡である。圜丘大祭は、儒教の三才とされる天・地・人それぞれの神、すなわち天神（天帝）、地神（大地と穀物）、人神（歴代王）を祠るもののうち、最上に位置する祭りである。つまり、圜丘大祭が天神、社稷大祭が地神、そして宗廟大祭が人神、すなわち歴代王を祠るものである。

社稷大祭が「社稷壇」で行われるのと同様、圜丘大祭はもともと「圜丘壇」で行われていた。

圜丘大祭での李源氏

壇というのは祭壇のことで、祈りを捧げるための広大な敷地に作られた。現在、その壇はない。やはり日本によって一九一四年に取り壊され、鉄道ホテル（現・朝鮮ホテル）が建設されたのだった。そして長らく中断されたこの祭りも、二十一世紀になり復活を遂げる。全州李氏大同宗約院が中心になって位牌と位版を復元し、二〇〇八年、狭小なホテルの中庭でかろうじて圜丘大祭を挙行したのだった。ホテルのなかからは、多数の外国人客が、伝統衣装をまとった大勢の男たちの厳かな儀式を物珍しそうに眺めている。本来祈りを捧げるべき祭壇がないままの大祭である。この大祭の復活を強く願い、陣頭指揮にあたったのが、李源さんその人だった。

こんな不十分な形であるのに、なぜ復元にこだわってきたのか。いぶかる私の問いかけに対し、李源さんは拍子抜けするほど率直だった。

「皇穹宇という小さな楼閣のなかだけで行う祭祀を、

果たして『復元した』といえるのだろうか。おそらく厳しいでしょう。私は全力を尽くして復元にあたったものの、国民に対しても先祖に対しても申し訳ない気持ちがあります。いずれ、大祭は李王家の行事ではなく、韓国国民の行事として昇華させる必要があると思います」

李源さんの考えは明快だった。戦後、日本にいたかつての皇太子・李垠の帰国が実現しないまま、韓国は大統領共和制の国を作り、資本主義国家の道をひた走ってきた結果、かつて「東方礼儀之国」といわれた韓国の精神文化を失ったまま、いまに至ってしまったというのだ。もちろん、朝鮮王朝の統治理念だった儒教の精神が、そのまま現代に生き続けることは難しいだろうし、李源さんもそれを望んでいるとは思えない。しかし、あまりにも精神文化の面が蔑《ないがし》ろにされている現代の風潮を見ると、全州李氏大同宗約院が、そして李源さん自身が主宰している各種の祭礼儀式に秘められた精神を、ほんのわずかでも感じてほしいと思っていることがひしひしと伝わってきた。そして、特にその精神的な部分が重要だと李源さんが考える行事が、朝鮮が自主独立の国であることを高らかに宣言した「圜丘大祭」なのだ。現在、祭壇がないからといって、大祭を行わないままでいるのは、皇室の文化を引き継ぐ責任を自覚する身としては我慢ならなかったのだろう。

印象的だったのは、李源さんは儀軌が戻ってくることを喜びつつも、単に「自分たちの王朝の精神文化の象徴が返ってくる」ということではなく、それによって日韓が本当の和解を果たす第一歩になると強調していたことだ。明成皇后の慰霊祭でも語っていたように、儀軌は戻ってくることになったが、それを受ける自分たちがどんな準備をすべきか、今度はそれを各自で考えなくてはならない、と訴えていた。そのためにも、戻ってくる儀軌は広く公開し、特に十代二十代の若者たちの目に触れるようにしてほしいと語っていた。

国民的関心事となった儀軌

ただ、一点気になったことがあった。李源さんは、日本から儀軌が戻ってくれば、それをもとにしてかつての儀式を当時のままに復活させていきたいという。しかし、注意すべきは、日本の宮内庁に保管されている儀軌は、すべて同じものが韓国にもあるということだ。

これまで触れてきたように、儀軌は全く同じ内容のものが五冊から九冊作られ、関係官庁のほか、地方に設置された四か所の史庫（鼎足山、赤裳山、五台山、太白山）に保管された。併合後、儀軌を管理下に置いた朝鮮総督府は、参事官室にその種類ならびに冊数を徹底調査させた。そして当時の宮内省は、四冊以上現存するものを寄贈されたいとして、そのうちの一部を日本が持ち出したというのが事実だ。つまり、日本が持ち出した儀軌と全く同じ内容のものが、当時から韓国には残されていたのである。

李源さんに会う前、初めて全州李氏大同宗約院事務所を訪れた際、副理事長や事務総長といった長老のみなさんに、取材依頼をすんなり受け入れてはもらえなかった。それは致し方ないと考えていた。逆に歓迎されていたら、むしろ長老たちの自尊心に対して少なからず疑問を抱いていただろうと思う。しかし、「宗約院に儀軌類は保管されているのでしょうか」と聞いた際の、「ない。儀軌は全部日本が持っていってしまったから」という言葉には驚いた。それゆえ日本から早く儀軌が戻ってこなければならないというのだ。しかし、日本にあるものと同じ儀軌は韓国に厳然と存在している。長老たちはその事実をご存じないのだろうか。

李王家は日本の植民地統治によって歴史の幕を閉じた。日本の支配さえなければ、朝鮮王室あるいは大韓皇室は健在だったはず、という思いが彼らにあるだろうことは容易に想像がつく。それだけに、日本に対する否定的な思いは想像以上に強いと感じた。しかし、もうひとつ感じたのは、儀軌のことがそもそもあまり知られていなかったのでは、ということだった。実際、ソウル大学での取材でも、十年ほど前までは儀軌についてはほとんど知られていなかったと聞いた。それゆえ専門的な研究も途上であった。日本からの返還をめぐる問題がホットイシューになって、ようやく人口に膾炙し始めたというのが事実に近い。もちろん、そのかなり前から、宗約院では大祭の復活に儀軌を用いるなどしていたが、一般的な認知度は韓国でも最近になって高まり始めたといっていい。

だからこそ、今回の日本からの「引き渡し」で国民的関心事となり、旧李王家が執り行う朝鮮王朝の祭祀など伝統儀式がさらに広く知られるところとなれば、その形式だけでなく、そこに込められた精神とその意味合いにも思いを馳せてほしい、自分はその先頭に立つ、という気持ちが、李源さんの言葉の端々から感じられた。

日本メディアに初めて語った思い

インタビューの数日後、景福宮で再会することを李源さんと約束した。事務所とは違う表情の李源さんを見たかったからだ。

景福宮で会った李源さんは、オーラのようなものを発しているように見えた。普段通りスーツを着込んでいるのだが、まわりに観光客が多いためか、どうしても一人目立っていた。観光客のなかには、この人が一般人ではないことを感じて視線を送る人もいた。しかし「どうも芸能人でもなさそうだ。一体誰なのか」と思っていたことだろう。

開口一番、李源さんはこうもらした。

「ここにくると中国語や日本語が聞こえてきます。日本の人たちはここに来てどうなのか、何を思うのか知りたいですね」

朝鮮王朝の正宮である景福宮は、かつて李王家の政務の場であり、生活の場でもあった。まさに「世が世なら」李源さんその人が中心にいるはずの場所であった。王宮の中央にある勤政殿のなかには、歴代王が座っていた玉座がある。

「もしかすると、あそこにお座りになっていたかもしれませんね」

そう問いかけると、李源さんは笑いながらこう返した。

「それはわかりません。大韓帝国の皇室がそのまま残っていたとしたら、私が継承者にならなかった可能性は十分にありますから」

日本に暮らし、長年故国に戻ることもかなわなかった皇太子・李垠と方子妃。歴史上、この二人の関係がもし作られていなければ、韓国語も話せない先代・李玖の歴史もなく、そしていとこ甥である自分への突然の継承もなかったということだろうか。

「玉座への欲望？　そんなものはありません。もはや力の政治で動く世の中ではありません。いまあそこに残っているのはただ文化のみですよ。あの玉座に残された精神文化の価値を守っていくことこそが大事なのです」

李源さんにとって、ここはどんな場所なのだろう。少し俯瞰してみようと、かつて使節をもてなすために使われたという慶会楼《キョンフェル》に上がってみようと提案した。池のなかにある慶会楼は、高床式二階建ての構造になっていて、周囲がよく見えると思ったからだ。ところが、ここは事前に予約が必要だということで結局上がることができなかった。係員に入場を制止される「元主人」の姿を見て、私たちはなんともいえない気分になった。

「ここでいいでしょう」と言って、李源さんは池のそばに佇んだ。ソウルの街中とはやや違う空気の流れる王宮で、李源さんの目は少し遠くを見つめている。ときどきここにきては、何かを考えるでもなく、木を見て風に吹かれて頭をすっきりさせて帰るのだという。

景福宮にある慶会楼（写真提供：韓国観光公社）

いまとなっては知らない人がいることが驚きだが、景福宮の中心にはかつて朝鮮総督府が建てられ、つい十五年ほど前まで威容を誇っていた。総督府建築にともない、周囲の数々の建物は撤去された。いまこの広大な敷地では、建築当時の姿に戻すべく復元作業が静かに進んでいる。かなり完成しているように見えたものの、進捗状況は、まだ三〇パーセントほどなのだそうだ。この作業が終わり、景福宮が元の姿を取り戻したとき、日本と韓国はどんな関係になっているだろうか。

「これまでの百年、韓国と日本は被害者と加害者という立場で、完全に分かれていた。しかしこれからの百年は、共に歩んできた時間を語り合えるのではないでしょうか。文化が文化本来の役割を発揮することができるようになれば、そうなる可能性は非常に高いと思います」

植民地統治の荒波のなかで、朝鮮王室と日本の皇室を結びつける一種の「紐帯」として政治的に利用された「朝鮮王朝儀軌」。日本から戻る百六十七冊をもって、事実上すべての儀軌が韓国に再び揃うことになる。儀軌についての研究も深められ、儀軌の本来の役割が再認識されることになるだろう。

最後に、李源さんに伺った。

——李源さんが、韓国の精神文化を誇り、守っていく活動の先頭に立たれるとして、私たち日韓の国民たちに対しては具体的に何を望みたいですか。

「いわゆる不幸な過去、そしてこれから期待される真の和合。このプロセスを、李垠と李方子の関係が象徴していると思います。二人は確かに政略的に一緒にさせられたかもしれない。しかし、その後愛を育み、互いを慈しみ、人間的に尊敬し合った。日本人の方子妃は、韓国でも心から尊敬されている。この二人の関係を韓日関係の象徴として、これまで以上に見直す流れが起きてほしいと考えています」

これまで、李垠と方子の二人は、日韓の「不幸な過去」の象徴として、ある意味「歪んだもの」として捉えられがちだったように思う。日本人としても、そして韓国人の立場からも、できることなら秘められたままにしておきたい歴史の負のエピソードと思われていたのではないだろうか。これを逆手にとり、積極的に、肯定的に捉え直していく。正も負もそのままさらけ出し、そして受け入れる。それはとりも直さず、より成熟した関係になることを期待しているということだろう。

果たして、日本と韓国は、そして私たちは、負の側面も率直にさらけ出し、それを互いに受け入れる、そんな成熟した関係になることができるだろうか。

（木村洋一郎）

第五章

儀軌の行方は……

韓国で高まった儀軌返還の声

二〇一〇年八月、「宮内庁にある朝鮮半島由来の図書を韓国にお渡しする」とした内閣総理大臣談話に、「韓国の人々の期待に応えて」という一節があった。この談話が出るまで、「朝鮮王朝儀軌」の返還を求める韓国内の声に、実はさほど注意を払ってはこなかった。韓国の放送局KBSが展開する「韓国遺産」キャンペーンのなかに、儀軌の一部が日本の宮内庁にある事実を国民に知らしめた一人の僧侶を紹介するシリーズがあったなあ、という程度だった。逆にいえば、マスコミが儀軌について時折報じる際のトーンのように、国内世論が「返せ、返せ」コールで沸き立っているような状況では少なくともなかったといっていい。

二〇〇七年にユネスコの「記憶遺産」となった儀軌だが、その実、存在はもちろん、内容や役割についてまで、それまで広く知られていたかといえば決してそうではない。宮内庁の儀軌は、二〇〇一年一〇月、韓国の海外典籍調査研究会が発行した「宮内庁所蔵の朝鮮王室古文書」目録によって、事実上はじめてその存在が知られるところとなった。つまり、少なくともその存在が認知され始めてからまだ十年そこそこなのだ。この十年という数字は、ソウル大学での取材で「知られるようになって十年程度」と聞いていた内容と合致する。しかし、たかが十年、されど十年である。その後、韓国内では返還を求める動きがにわかに活発化し、関心も高まってくる。

二〇〇六年九月には、民間人を中心とした「朝鮮王室儀軌還収委員会」が発足し、在韓日本大使館に儀軌返還の要請書を伝達、翌一〇月には宮内庁に赴いて儀軌を閲覧した。この流れで、韓国国会は一二月、一度目の朝鮮王朝儀軌返還要求決議を行っている。少々気になるのは、この動きが北朝鮮と共同歩調をとっているという事実である。二〇〇七年三月、朝鮮王室儀軌還収委員会は、北朝鮮の朝鮮仏教徒連盟と金剛山《クムガンサン》で会合し、「儀軌の返還に向けて共同で対処していくことに合意した」と発表した。日本に対する民族主義的な運動において南北は一致団結するという特徴を今回も見せている。

そしてこの年の六月、ユネスコが儀軌を「記憶遺産」に登録する。この記憶遺産登録によって、儀軌は国内よりも海外で先にその価値を認められた形になったことは興味深い。ソウル大学奎章閣で二〇一〇年秋に行った取材では、儀軌の文化財登録をこれから申請するのだという。「国宝級」などという言葉が飛び交う韓国マスコミの報道の影響で、すでに貴重な文化財として認識されているものと思っていたが、現実は違っていた。もちろん、だからといって儀軌の価値が下がるわけではないが、それくらい、国民の間で知られてからまだ間もないということを示していた。

二〇一〇年二月、日韓外相会談の場で非公式に（昼食会の場で、しかも口頭でとされている）韓国の国民の間で儀軌返還への期待が高まっていることが伝えられた。同じ月、韓国国会では二度目の朝鮮王朝儀軌返還要求決議を行った。これに世界的な流れも加わった。本書冒頭でも触れた、同年四月にカイロで開催されたエジプト政府主催の「文化財の保護と返還のための国際会議」に出席した韓国の代表（文化財庁）は、「朝鮮王朝儀軌」の文化的重要性から、優先的に返還を求める文化財リスト（Wish List）に日本にある「朝鮮王朝儀軌」を挙げたいと、私たちの取材に対し話していた。

韓国側が、外交ルートを通じて慎重な言い回しで儀軌の返還を求める意思を伝えた事実には留意しておく必要がある。当時の権哲賢《クオン・チョルヒョン》駐日大使は、「すでに公式には一九六五年の条約で請求権の問題については解決済みとしているので、返還を正面から求めてもなかなか難しいと考えた。そのため、あまり表立った形ではなく、慎重に慎重を重ねながら韓国側の意思を伝えた」と語っている。権大使は、当時の岡田外務大臣ら民主党の面々に対して、「首相談話が発表されると、韓国メディアは過去の村山談話と一言一句詳細に比較するはずだ。その際、村山談話から表現が少し変わっただけで中身はあまり変わっていないとなると、新たな百年に向けたものとしてはあまり意味をなさないと評価されてしまう。何か変化を印象づけるべきだ」と伝え、言葉だけでなく何らかの実践をともなう談話を出すよう促したという。その「実践性」を担保するものとして検討されたのが、「朝鮮王朝儀軌」の返還であった。

国外に流出した儀軌、その後

「実践をともなう」首相談話発表から三か月後の二〇一〇年一一月、韓国・ソウルではG20首脳会議が開催された。そして一二日に行われた韓国の李明博《イ・ミョンバク》大統領とフランスのサルコジ大統領との首脳会談で、「五年間の貸与契約と五年ごとの契約更新」を条件に、フランスが保有する「朝鮮王朝儀軌」が韓国側に引き渡されることが確認された。フランスの儀軌は、一八六六年に江華島《カンファ》を攻めた（丙寅洋擾）フランス軍が、王立図書館「奎章閣」の別館である「外奎章閣」からおよそ三百冊の儀軌を戦利品として持ち去ったものである。ちなみに、外奎章閣は奎章閣の別館であるだけに、国王だけが閲覧した「御覧用」と呼ばれる装幀の豪華なものや、国内外に一冊しか存在しない「唯一本」と呼ばれる学術的にきわめて貴重な儀軌を多数保管していた。

フランスが持ち去ったこれらの儀軌について、韓国政府は長年引き渡しを求めてきたが、一九九三年に当時の金泳三《キム・ヨンサム》大統領とミッテラン大統領との首脳会談で、一冊の御覧用儀軌が「永久貸与」という形で戻されて以降、何ら進展はなかった。それが、二〇一〇年になって急展開を見せた。

フランス外交のしたたかさとも受け取れるこの「五年ごとのレンタル方式」は、フランス国内法では、国家が保有する文化財は外国に譲渡することができず、貸与にも五年の上限があるためとされている。フランスが所有権を確保したままの「引き渡し」について、当然ながら韓国国内では残念がる声が多いが、五年ごとに自動更新される事実上の「返還」と捉えてもいる。結局「戻ってきた」ということなのである。

一方、その二日後の一一月一四日、横浜で行われたAPEC・アジア太平洋経済協力会議の席上で、日韓の政府間で儀軌の引き渡しを内容とする「日韓図書協定」への署名式が行われた。これで儀軌が韓国に引き渡される方向は確定したともいえたが、協定が成立するには国会の承認が必要だった。

その後の展開は残念なものであった。二日後の一六日にさっそく協定の承認案件が国会に提出されたものの、審議は行われないまま継続審議扱いになり、次の国会に持ち越された。その間、東日本大震災などで審議入りが遅れるなどした結果、衆議院では二〇一一年四月末、参議院では五月末にようやく承認の運びとなった。参議院本会議で承認されたまさに五月二七日、ソウルには、フランスの儀軌を載せた最後の航空便が到着していた。この日をもって、フランスにあった二百九十七冊の儀軌すべての引き渡しが完了したのだった。儀軌引き渡しを先に決めていた日本だが、「過去の百年を乗り越える」はずの「実践」が、結局フランスの後塵を拝する形となった。

権《クオン》前駐日大使は、このことについて次のように述べている。

「大使在任中に『朝鮮王朝儀軌』の引き渡しをこの目で確認できなかったことは残念でした。フランスは外奎章閣の儀軌を返還するのではなく、貸与という名目で戻してきました。これに対して日本は事実上の返還で、決まるのは早かったのに、国会承認が遅れたためフランスに先を越され、その結果、韓国国民の耳目もフランスに集中することになりました。駐日大使としては残念でなりませんでした」


ソウルの国立中央博物館では、二〇一一年七月一九日から九月一八日まで「一四五年ぶりの帰還　外奎章閣儀軌」と題する、フランスから戻ってきた儀軌の特別展示会が開催されていた（口絵参照）。八月には、夏休みということもあって連日五千人以上が訪れる盛況ぶりを見せ、入り口には長い行列が続いた。わずか十年前までは、韓国国民の間でもほとんど知られていなかった「朝鮮王朝儀軌」だが、最近の関心の高さは驚異的ですらある。特に、学術的に貴重なものが多い外奎章閣の儀軌は、見た目にもその豪華絢爛さ、文化財的価値の高さを感じることができる。翻って、二〇一一年内には引き渡される宮内庁所蔵の儀軌は、果たしてどれほどのインパクトを韓国の人々にもたらすことができるだろうか。

儀軌「引き渡し」を決めた日本政府は……

二〇一〇年、日韓併合から百年の節目に、言葉だけでなく、何か象徴的な「アクション」が必要だ――。韓国政府だけでなく、日本政府のなかにも同様の認識があった。しかし、それは一体何か？ 頭を悩ませていた日本政府にとって、儀軌はある時点から急速に魅力的な存在として映っていったのではないだろうか。

韓国では、二〇〇六年一二月にも、国会で儀軌の返還を求める決議が採択されている。その年の五月、東京大学が所蔵していた朝鮮王朝の記録「朝鮮王朝実録」が、ソウル大学に寄贈された。儀軌が朝鮮王朝の主な儀式や出来事を挿絵入りで記録したものであるのに対し、「朝鮮王朝実録」は王朝の毎日の出来事を文字のみで詳細に綴った記録である。一九一三年に、五台山史庫から、当時の東京帝国大学教授で著名な東洋史学者であった白鳥庫吉のもとに運ばれたとされている。大半が関東大震災で焼失したが、たまたま貸し出されていた七十四冊が日本に残っていた。一九三二年に韓国へその一部、二十七冊が引き渡され、残る四十七冊が二〇〇六年に、東京大学とソウル大学の友好関係の発展のためとして寄贈された。

日本ではそれほど大きくとりあげられることもなかったが、韓国では大々的に報じられた。これをきっかけに、「朝鮮王朝儀軌」も返還してほしいという気運が韓国では高まり、国会決議へとつながっていた。

このとき、日本はどう対応したのだろうか。実は、韓国の国会決議を受けて、二〇〇七年に日本の国会で儀軌返還について質疑が行われている。共産党の質問に対し、政権与党であった自民党が答弁をしている。

当時の麻生太郎外務大臣、伊吹文明文部科学大臣とも、一九六五年に日韓両国が国交正常化に際して結んだ条約によって「決着済み」として、儀軌の返還には応じられないとする立場であった。


それでは今回、日本政府が前向きにこの問題を考えた背景には何があったのだろうか。

韓国政府が外相会談で、儀軌が戻ることへの国民の期待が高まっていると日本側に伝えたのは、二〇一〇年二月のことであった。会談の正式な議題には挙げず、敢えて会談後の昼食会の席で口頭で伝えたとのことであるが、これを日本政府が韓国政府からの正式なメッセージと捉えるかどうかは微妙なところといえよう。正式な議題ではないから、外交ルートにはのっていないとして聞き流した可能性もある。

しかし、当時の岡田克也外務大臣には、それがかえって印象に残ったという。

「あまり声高に言うのではなく、静かに、そういった声があるということで、あとは日本の判断です、というふうに、非常に抑えた形で言われていたことが印象的でしたね」

そして、宮内庁書陵部に赴き、日本の外務大臣として初めて儀軌の実物を直接、確かめた。そのときの印象を岡田元外相はこう語った。

「実物を宮内庁に行って少し拝見させていただきました。正直なところ、文化的な価値は私にはよくわかりませんが、非常に美しいものだと思いました。『朝鮮王朝儀軌』は、歴代王朝の儀式を伝承するためのものであると。それは、民族の誇りにつながるものであり、非常に大切なものであることがよくわかりました。しかも、市場を通じた通常の取引によって日本に渡ったものではなく、併合時代に朝鮮総督府を通じて日本に渡ったものであることから、ずっと日本が持っているよりも、やはり学術的にも研究を深められるので、韓国の人たちのもとにあった方がいいのではないかと思いました」

韓国側の意向は総理官邸に伝えられ、儀軌の韓国への引き渡しが検討の対象となっていく。

なぜ皇居に残り続けたのか

それにしても、なぜ儀軌は戦後六十五年もの間、皇居の一角、宮内庁書陵部にとどまり続けたのであろうか。

日韓両国は国交正常化にあたり、十四年間にわたる話し合いを行った末に、一九六五年、「日韓基本条約」を締結。いわゆる請求権の問題は「完全かつ最終的に解決」とされた。このとき、文化財についても話し合いが行われている。そして、東京国立博物館、逓信博物館、そして宮内庁書陵部の所蔵する「国有」の文化財について返還ができるかどうかが検討され、千三百点あまりを韓国に贈与することで解決済みとされてきた。

儀軌は、なぜかこの引き渡しの対象にはならなかった。これまでに公開された日韓会談の膨大な交渉記録を丹念に読み込んでみたが、韓国側から「儀軌」の言葉が出たことは一度もない。そして日本側でも、儀軌という言葉が出たのは、たった一回であった。

交渉開始から十二年を経た一九六三年三月、外務省の担当者が、韓国典籍に詳しい東洋文庫主査の田川孝三博士と非公式に懇談を行い、日本のどこにどんな朝鮮の書籍があるかを聞いている。この会談のなかで宮内庁書陵部の前身「図書寮」についても話が及び、儀軌に一言だけ言及している。

「浅見倫太郎博士が宮内省の依頼を受けて皇室の儀式の参考にするため、景福宮にあった多様の儀軌（儀式の記録）の写本を行ったことがあるが、この儀軌は曾禰本とは別に宮内庁に保存されている筈である」

曾禰本とは、第二代朝鮮統監の曾禰荒助が入手した朝鮮書籍のことである。

儀軌の譲与を朝鮮総督府に交渉する前に、宮内省図書寮嘱託の浅見倫太郎が儀軌の謄写を試みていたのは事実だが、その写本のみが宮内庁にあると理解されていたようで、なぜか私たちが追う百六十七冊の儀軌の実物については一切触れられていない。「儀軌」のあとに「(儀式の記録)」と説明していることから、この懇談で儀軌に言及したのは初めてだろうと思われる。外務省が公開した日韓会談の資料のなかで、この会話の直前は黒塗りになっているため、話の流れはわからない。その後、外務省の担当者は宮内庁も訪れ、所蔵する朝鮮の書籍について聞いているが、公開された資料を見る限り、ここでも儀軌の話は一切出てこない。

この懇談が持たれた当時、李垠と方子はまだ日本に暮らしていた。しかも李垠はすでに脳軟化症を患っていた。前述したように、もしも李垠が日本で亡くなった場合、東京で朝鮮式の国葬を行う可能性もあると宮内庁の担当者が考え、万一の場合に備えて、儀軌の存在には敢えて触れずにいたのだろうか。いまなお外務省で秘密指定のままの文書の公開が望まれるが、残念ながら、今回その実態は解明されないままとなった。

一方、韓国では、終戦わずか二か月後に、歴史学会の震檀《チンダン》学会が日本に返還を求める文化財の一覧を作成。韓国に駐留する米軍の軍政局に手紙を出し、日本に対して文化財の返還を迫るよう求めている。今回の取材で、米軍政局の記した文書がアメリカの国立公文書館で見つかった。

一九四五年一二月三一日付で、韓国駐留軍政局のA・V・アーノルド少将が記した「文化財の返還要求」というタイトルの文書には、「韓国の市民や機関は、朝鮮にいた日本人によって、盗掘されたり持ち出された国家的に重要な文化財、記録文書、書籍、宗教上の装具などの返還を求める要求を出そうとしている」として、その要求には、どんな文化財で、どこにあったものか、材質に加え、傷など目印になるものもそれぞれ書かれているという。

しかし残念ながら、このとき韓国側が返還を希望した文化財のリストはなく、そのなかに、「朝鮮王朝儀軌」が入っていたのかどうかはわからなかった。

その後、一九四七年に作成された韓国の返還要求リストには、李垠と方子が暮らしていた紀尾井町の邸宅をはじめ、李王家の所有する不動産や証券など、様々な財産が細かく記入されているが、儀軌の文字はどこにも見あたらない。

日韓の文化財問題に関心を持つ国民大学の柳《リュ》・美那《ミナ》博士は、そもそも当時の韓国人が、「朝鮮王朝儀軌」の存在を知らなかったためではないかという。朝鮮王朝時代、王家の暮らしと民衆の暮らしは別世界であった。儀軌を目にしたり、その存在に触れる機会のある人は非常に限られていたはずであると指摘する。

確かに、朝鮮総督府が「書籍整理事業」で儀軌をはじめとした書籍を一か所に集め、整理分類した上で宮内省に「特例」として儀軌を「寄贈」しているため、その事実を知る人は朝鮮側にはほとんどいなかった可能性もある。

ともかく、韓国併合時代に日本に渡った文化財を韓国に戻す機会であった一九六五年の日韓条約の話し合いでは、儀軌は俎上に上らなかった。

儀軌「引き渡し」の背景にあった方子妃の婚礼衣装

それから四十五年、そして韓国併合百年の節目の年となった二〇一〇年に、儀軌は再び、日韓両国の間で脚光を浴びることとなった。既に解決済みとされる文化財を韓国に渡す方法はあるのか。

実は、たったひとつ前例があった。一九九一年、日本政府は韓国政府の要望を受けて、ある国有財産を韓国に譲渡していた。それは、李垠と結婚した方子が着用した朝鮮式の宮中衣装や装身具など二百二十七点であった。

一九二二年四月、李垠と方子は生後八か月の晋を連れて初めて朝鮮を訪れ、李垠の兄・純宗とその妻・尹妃に婚礼の報告を行うため、昌徳宮で覲見《きんけん》式に臨んでいる。韓国に譲渡されたのは、このときに方子が着用したという大礼服である。そのなかには、李垠の父・高宗が生前、妃と共に準備したという装飾品も含まれていた。方子は自伝に、「かつらをつけてみる。重いこと、重いこと。一人では頭が動かせないくらい。少し私の頭には小さくて、浮いてしまう。重い着物も日本の五ツ衣《いつぎぬ》の古式服に似た美しい色彩のもの。聞けば、殿下ご幼少時から、父李太王殿下が厳妃殿下と共に、飾り物など中国から取り寄せて準備されしよし。ひとつひとつに御心のこもりし品、ただただありがたく感じる。織物は見本を京都西陣工場に出されて織ってあったよし。花と雉《きじ》の模様が紺地に織り出されてある」と記している（李方子『流れのままに』）。

二百二十七点のなかには、幼児服も含まれていた。朝鮮で急死した李垠と方子の初めての子・晋が、このとき身につけていたものである。

「晋もまだ八ヵ月の赤ん坊ながら、桃色の紗に黒で縁どりした大礼服で、黒紗の頭巾もかわいらしく、侍従に抱かれて式場にのぞみました」とも方子は記している。決して手放したくない、亡き我が子の大切な形見の品であった。

戦後、広大な紀尾井町の洋館から、田園調布のこぢんまりとした家に転居し手狭になったため、方子は最後まで大切に保管していた朝鮮式大礼服を東京国立博物館に寄贈し、保管してもらった。その後、一層経済的に困窮した方子の依頼を受け、同博物館が残りを購入し、博物館所蔵の国有財産となっていたものだ。

日本の韓国併合によって朝鮮王朝が途絶え、「王家の結婚」は戦後一切なくなってしまった。その上、日本の統治時代や米軍軍政時代、そして朝鮮戦争を通じて、多くの物が焼失または散逸していた。朝鮮王朝時代の婚礼を物語るものとしては、方子が日本に残した婚礼衣装が唯一の完璧なものとなっていたという。この衣装は当初日本政府が洋装と決定したものの、朝鮮側の反対の声を受けて朝鮮服に変更したと、李垠と方子の後見人・倉富勇三郎が日記に記している。もしも予定通り洋装にしていたら存在しなかったものだ。
この婚礼衣装の韓国への返還の話が持ち上がる二年前、方子は韓国で亡くなっている。生前、東京国立博物館が所蔵する朝鮮衣装が展示されずにしまわれていることを残念に思っていたという。そして一九九一年、この衣装を譲ってほしいという当時の盧泰愚《ノ・テウ》大統領の希望を、当時の海部俊樹総理大臣が知り、その実現に向けて両国政府が動いていた。
当時結ばれた「故李方子女史（英親王妃）に由来する服飾等の譲渡に関する日本国政府と大韓民国政府との間の協定」には以下のように書かれている。

第一条　日本国政府は、両国間の友好関係及び諸分野における協力関係の発展に資するための特別な措置として、故李方子女史（英親王妃）に由来する服飾等で附属書に掲げるものを、両国政府間で合意する手続に従ってこの協定の効力発生後六箇月以内に大韓民国政府に対して対価なしに譲渡する。
第二条　大韓民国政府は、前条の規定により譲渡される服飾等が両国間の友好関係及び諸分野における関係の発展に資することとなるよう適切な措置をとる。

この協定締結に際して行われた衆参両院の委員会での審議を見ると、質問は非常に少ない。答弁に立った当時の中山太郎外務大臣や外務省アジア局長に「あなたは李方子さんの自伝をお読みになりましたか」と切り出すなど、いずれも、日韓の狭間で苦難を味わった方子の人生と、その背景となった日韓の歴史を理解しているか問うものだ。一九六五年の日韓条約で解決済みではないかとか、その整合性を問うものはない。

協定が日韓外相の間で署名されたのは、四月一五日。二四日に衆議院、二五日に参議院での審議が行われ、全会一致で承認。五月二四日には発効している。自民党時代とはいえ、当時の日本には、まだ余裕があったということであろうか。とにもかくにも、さしたる抵抗もなく、李方子の貴重な衣装は韓国に「譲渡」され、韓国で朝鮮王朝時代の王家の婚礼を伝える貴重な文化財として展示されることとなった。

新たな時代を象徴する「日韓図書協定」署名

この経験から、「朝鮮王朝儀軌」についても、李方子の婚礼衣装のときと同様の手続きを踏めば、韓国に渡すことが可能と考えられた。

当時の菅総理大臣が「総理談話」のなかで「朝鮮王朝儀軌」の引き渡しを表明したのは、韓国併合から百年目の二〇一〇年八月一〇日。儀軌引き渡しを含むこの談話の表明を韓国の李明博大統領は好意的に受け止めた。中断していた日韓首脳の「シャトル外交」も復活し、年内には李明博大統領が日本を訪れ、その際に儀軌の引き渡しが行われるのではないかといわれていた。

しかし、思わぬ事態が起きた。九月七日、尖閣諸島付近で中国の漁船が違法操業し、日本の海上保安庁の巡視船に衝突。これを機に日中関係は極度に緊張が高まった。そして一一月一日には、ロシアのメドベージェフ大統領が北方領土を訪問するなど、日本は南と北から揺さぶりをかけられる形となった。

この間、韓国は存在感を発揮していた。一〇月二九日にベトナムのハノイで開かれた東アジア首脳会議。日中が首脳会談も行えずにいるなか、日中韓首脳会談の場で李明博大統領は日中両首脳の手をとって握手をさせ、更に、自分がそこから抜ければ自然に日中会談になると言ったともいわれ、日中両国の関係修復にひそかに汗をかいていたという。

そして一一月一四日、横浜で開催されたAPEC・アジア太平洋経済協力会議で、日韓首脳会談、外相会談が行われた。この場で、「朝鮮王朝儀軌」など、朝鮮総督府を通じて日本に渡り宮内庁書陵部に所蔵されている千二百五冊の書籍を韓国に引き渡すとする「日韓図書協定」の署名式が行われた。会場には、宮内庁所蔵の儀軌も運び込まれ、菅総理大臣と李明博大統領が二人並んで儀軌をめくって、笑顔を見せた。日韓が併合百年を乗り越え、新たな時代に踏み出そうとしていることを象徴するかのような一場面であった。

協定には、日韓両国の友好関係の発展に資するための「特別の措置」として、朝鮮半島に由来する図書を韓国政府に対して「引き渡す」と書かれている。

一九六五年の日韓条約で解決済みとされる請求権の問題とは一線を画し、李方子の婚礼衣装と同じスタイルを取ろうというものであった。

反対も相次いだ国会議論

この協定の成立には、国会の承認が必要であった。しかし、政局は混乱。「日韓図書協定」の審議は始まらない。そして一一月二三日、北朝鮮が韓国の延坪島《ヨンピョン》を砲撃。日韓両国の連携の必要性は一層重視されていた。

しかし、日本の政治の混乱は続き、併合百年の二〇一〇年内の協定承認、そして韓国への引き渡しは不可能となった。ギリギリまで調整が続いていた李明博大統領の日本訪問は、大統領が砲撃後の国内対応に追われたこともあり、結局見送られることになった。

日韓の歴史的な節目に、言葉だけでなく、両国の新たな未来を築く象徴的なアクションとなるはずだった儀軌の引き渡しは、実現しないままに併合百年の年は暮れた。

年が改まり、東日本大震災を経て、四月末に衆議院で、五月末に参議院でようやく「日韓図書協定」の審議が行われた。しかし、その内容は、一九九一年の李方子の婚礼衣装返還のときとは全く異なるものであった。

「一九六五年の日韓条約で解決済みのはずの問題。条約を空洞化させるのか」「一回これを認めることが、更なる文化財の引き渡し要求等につながるのではないか」など、日韓条約との矛盾を指摘する意見。

「韓国にも日本が残してきた貴重な書籍などの文化財がある。なぜ日本だけが一方的に返さねばならないのか」と、韓国のある日本の文化財の返還を求める意見。

そして、竹島問題に関連するものであった。

「竹島の施設はどんどん強化されている。儀軌を未来志向という名の下に、いま引き渡せる環境か？」など、一九九一年には全くなかった意見が多く出された。

最終的に五月二七日、賛成一四五、反対八六の賛成多数で協定は参議院を通過。菅総理大臣の談話から九か月を経て、ようやく儀軌は韓国に引き渡されることが正式に決まった。二〇一一年一二月までに、韓国に渡る予定である。


昨年八月の儀軌引き渡し表明から一年が経った二〇一一年八月。私たちは、岡田克也元外務大臣に、儀軌が韓国に引き渡されることの意味を改めて尋ねた。この一年の間にも東アジアにおける国際関係が複雑化するなか、民主主義や市場経済など価値感を共有する韓国との関係は、以前にも増して緊密になっているように見える。

岡田元外相は答えた。

「そういう問題と今回の引き渡しは直接リンクするものではありません。ただ、日韓関係というのは非常に重要です。共にアジアのなかで民主国家である、そして、世界的にも非常に大きな経済を持った国ですから、そういうふたつの国が協力し合ってアジア全体を政治的にも経済的にも引っ張っていく、そういう時代なんだと思います、いまは。これからの百年というのは、それは日本と韓国だけではなくて、アジア全体にとっても、日韓両国の関係がしっかりとしていることは大事なことだと思いますね」

（木村洋一郎／天川恵美子）

第六章

文化遺産をめぐる新たな動き

動き出した民間の文化財問題

「朝鮮王朝儀軌」のように、植民地時代に日本に渡った朝鮮半島由来の文化財は数多くある。口絵に掲げた耳飾や冠帽、六角亭などは、その例だ。二〇一一年二月に韓国文化財庁が発刊した「国外所在韓国文化財目録集」によると、東京国立博物館など二百五十あまりの機関ならびに個人が所有する朝鮮半島由来の文化財が「六万五千三百三十一点ある」とされている。韓国政府は、世界に流出した韓国の文化財総数をおよそ十四万点としているが、そのうち実に半数近くが日本にきていることになる。ただ、それらのすべてが、特に韓国のマスコミがよく主張する「略奪された」ものなのか、市場での売買あるいは譲渡などの取引を通じて渡ったものなのか、経路および時期について現在のところ明確ではない。韓国文化財庁は、二〇一一年に入って海外流出文化財についての専門チームを作り、調査を進めているという。この流出文化財のうち、民間が主体となって返還活動を展開し、事態が動き始めている代表的なケースが、「利川《イチョン》五重石塔」である。

韓国、京畿道《キョンギ》・利川市。首都ソウルから車で一時間半ほどの利川市には、全国にその名を轟かせる名産がふたつある。ひとつは米。清潔な地下水で栽培される利川米は、その昔国王に献上された、いわば「王室御用達」米である。道沿いに立ち並ぶ食堂では、ぴかぴかと光る炊きたての釜飯と共に三十種類以上の副菜がところ狭しとテーブルに並べられ、リーズナブルに満足感を得ることができる。もうひとつは陶磁器だ。土と水と火の芸術といわれる陶磁器だが、利川市はまさに土と水に恵まれ、古くから焼き物の里としても栄えてきた。

この自然豊かな利川市の中心にある雪峯《ソルボン》公園で、まだ肌寒い二〇一一年四月、市民によるタプトリ行事が大々的に開催された。タプトリとは、塔（＝タプ）を回ること（＝トリ）という意味で、もともと仏教信徒たちが寺社の石塔の周りを回りながら、地域の安寧、家族の健康などを願って祈りを捧げる行事である。仏教では、釈迦の遺灰や遺骨などの「仏舎利」に対する信仰が一部にあるが、韓国では、仏舎利が納められているとされる石塔への信仰がきわめて厚い。近所の寺の小さな石塔から、地元を代表する大きな石塔まで、仏教行事だけでなく、市民のイベントとしても「タプトリ」は行われている。

ところが、この日のタプトリは様子が違った。大勢の市民が見守る公園の中心には、少し変

紙の塔の周りに集う利川市民

わった「塔」が鎮座していた。夕刻になって、合図とともにライトアップされたその塔は、鉄骨に強化紙製の「紙の塔」だったのだ。地元の仏教団体が主導して、市民から浄財を募って作ったものだという。紙製とはいえ出来映えはすばらしく、遠目には本物の石塔のように見える。塔の下には「利川五層石塔を我々利川市民の懐に！」の文字が見える。この「紙の塔」のタプトリは、利川市民たちの石塔返還への願いを込めて開かれたのだった（口絵参照）。

　紙の塔の周りを回る市民の行列のなかに、ベレー帽をかぶった老紳士の姿があった。朴菖《パク・チャン》熙《ヒ》さん、七十九歳。もともと利川にあり、いまは東京のホテルオークラの敷地内にある美術館「大倉集古館」にある五重石塔の返還運動を進めてきた「利川五層石塔還収委員会」の実務責任者だ。一見、眼光鋭い強面風だが、実に穏やかな方である。

「いやあ、よくできた塔ですね。これが本物だったら

大倉集古館にある五重の石塔

もっといいですが。この紙の塔もなかなかのものですよ」

余裕綽々でニコニコと私たちに語りかける朴さんだったが、その表情は、これからの返還交渉に向けた決意と利川側の強い思いを相手に伝えきれないもどかしさが、ない混ぜになっているように見えた。

「朝鮮王朝儀軌」の韓国への引き渡しがニュースになっているのと同じ時期に、たびたび報じられたのが、この利川石塔返還問題である。大倉集古館には、二〇〇九年から数回、利川市から代表団が訪れて、石塔の返還を求めていた。石塔は、大倉財閥の創始者・大倉喜八郎が日本初の民間美術館として「大倉集古館」を創設する際、朝鮮総督府を通じて入手したもので、長年美術館の中庭に置かれていたが、一九九六年に利川出身の在日韓国人が雑誌に寄稿したことがきっかけで利川市民にその存在を知られるところとなった。その後、市民が自主的に活動を進めてきたのだが、その先頭にいるのが朴さんだ。

二〇一〇年秋、利川の中心から離れた山間にご夫人と二人で暮らす朴さんを訪ねた。周囲は典型的な山村の雰囲気で、ご自宅のそばには漢方薬として使われる山茱萸《やまぐみ》の木が生い茂り、実が収穫を待っていた。

朴さんが返還活動に携わるようになったのは最近のことだ。かつて韓国外国語大学で歴史学（高麗史）を教えていた朴さんが、リタイア後を自然に囲まれて過ごそうとここに住み始めたのは五年ほど前である。そんな朴さんのもとを、二〇〇九年、利川に住む教え子が訪ねてきた。このとき日本に渡った石塔の問題を初めて知り、活動に加わったのだ。

「石塔は文化財ではなく、人々の心の拠り所だったんです。それを突然持ち去られた。この問題は必ず解決しなくてはならない、石塔は当然返してもらうべきだと思いました。ところが、いざ活動を始めようとすると、石塔がどういう経緯で日本に渡ったのか、大倉という人間はどんな人物なのか、ほとんど知らないことに気づいたんです。これではいけないと思って、最初から勉強をやり直すことにしました」

さすがは元教授である。その後、ソウルの韓国国立中央博物館で、大倉集古館側が当時の朝鮮総督・長谷川好道に宛てた「石塔譲与に関する書簡」を探し出し、その搬出経路をつきとめた。

「新設する美術館に見合う石塔を取り寄せたい。平壌駅前のものを希望する」

中央に立つ男性が上原先生、その左隣が朴さん

それに対する朝鮮総督府の回答。

「その石塔は人目につきすぎて不適当。代わりにちょうどいいものがある」

総督府は、一九一五年に併合五周年を記念して景福宮のなかで開催した「朝鮮物産共進会」の飾りとして利川から持ち込んでいた石塔を、写真付きで勧めた。これを大倉側が了承し、総督府は仁川の税関で滞りなく搬出できるよう手配までしていた。一見、それなりの手続きを踏んでいるように見えるものの、朴さんにはその実、権力者同士が恣意的に交渉を進めたことを示す文書にしか見えなかった。

しかし、ここで朴さんはもう一度考えた。

「上原先生のことも思い出して、私たちと向かい合っている日本人もいっしょに、石塔問題を改めて見つめ直すという心構えで行きたいと。この問題は、ただ石塔が戻ればいいのではなくて、韓国と日本にある歴史の根深い悪い縁を、良い縁に変えるチャンスにすべきだと思ったんです」

「上原先生」とは、一橋大学の故・上原専祿教授（西洋史）のことだ。朴さんは、朝鮮戦争の戦禍を逃れて、当時日本にいた兄を頼って密航船で日本に渡った後、一橋大学に学んだのだが、そのときの恩師である。

来日当初、朴さんは、「皇居のお堀の石垣が人間の死体に見えた」というほど、日本に嫌悪感を持っていた。植民地時代、韓方（漢方）医をしていた父親が日本の官憲に何度も愚弄される姿を見て、強い恨みを抱いていたことがその背景にある。

朴さんが幼少の頃、国民学校の担任の先生は、日本語が堪能で学業優秀な朴さんを「ショーキさん、ショーキさん」と呼んでよく褒めてくれた。朴さんは「道知事賞」に輝き、全校生徒の前で表彰されたりもした。しかし、この誇らしい受賞を、後になって「皇国臣民になるための努力に対する賞に過ぎない」と考えるようになった。自分にとって絶対の存在だった父親を侮辱する日本への憎しみも相まって、自分自身を「幼い民族反逆者」と捉え、「原罪意識」が芽生えたのだという。その原罪意識を克服するために朴さんが強く意識したのが「民族」というキーワードだった。

しかし、かつて日本人が朝鮮半島でどんな行為を働いたのか全く知らない学生が大学に大勢いたことに、朴さんはショックを受けた。そして、日本人すなわち「朝鮮を支配した民族」とする見方が韓国から見たステレオタイプに過ぎず、その反動として意識する「韓国の民族主

住民から集めた署名とともに写る朴さん

義」もまた視野狭窄であることに気付かされた。そのきっかけとなったのが上原教授の講義である。上原教授は、「学問のための学問」ではなく、知識人として広い視野を持ち、社会の問題にどう向き合うのかという「姿勢」について語りかけた。朴さんの言葉を借りれば、その姿に「感電」し、講義が終わるやいなや上原教授のもとで勉強したいと挨拶にいったという。これからどのように生きるべきか悩んでいた朴さんを上原教授は可愛がり、「歴史を学び、新たな歴史を作っていこう」と導いてくれた。

朴さんの行動原理には、新たな歴史を作る「新しい日本人」との連携が貫かれている。ことあるごとに恩師・上原先生の教えを思い出しながら問題にあたってきた朴さんにとって、石塔の問題も同じアプローチになるのは自然だった。

朴さんたち利川市側と大倉側との交渉は、いまのところ平行線である。二〇一〇年夏、朴さんは利川市長らと共に市民十万九千人の署名を大倉側に提出したが、それをもってしても、「はい、戻します」とはいかないのが現実だ。高麗初期のものとされる石塔は、千年の間、利川市民と共にあったが、「それほどの昔に人類が作った文化財は人類共通の遺産であるので、責任をもって保管できる場所で、より多くの人の目に触れることができる状態にあるべきだ」というのが、大倉側の主張である。

しかし、度重なる訪問と交渉のなかで朴さんは、大倉側の姿勢に微妙な変化を感じ始めているという。

「こんな話をしたんです。『一九六五年の韓日交渉当時、上原先生の書斎で私は勾玉を受け取った。以前朝鮮ホテルで働いていた上原先生の親戚が、誰かからもらったものだということだった。しかし先生は、結果的に韓国の遺物を日本人が勝手に持ち出してしまったとして〝権力があれば何でもできると考える日本人と同じ類型に入りたくはない。君が持っていれば安心です〟といわれた』と。石塔も同じではないか、と暗に言いたかったんですが、黙って聞いてくださって、その後の姿勢に少し変化が起きたように感じました」

交渉当初、「返還の義務はない」の一点張りだった大倉側は、その後、「政府の判断などの条件が整えば戻す余地がないわけではない」と、その対応を変化させた。もし朴さんが「石塔はもともと利川にあったものだ。それを日本が植民地時代に不当に持ち出した。返すのは当然至極のことだ」という態度で臨んでいたとしたら、交渉は短期間で終わっていた可能性もある。

互いの立場や主張を理解していく過程で、利川側と大倉側の間に人間的な信頼のようなものが生まれているのではないだろうか。もちろん、仮にそうだとしても、石塔が利川に戻されるかどうかはわからない。ただ、敵対的な雰囲気のなかでは事態は決して好転しないが、相手に信頼を感じるようになれば、事態は少しずつではあっても良い方に動いていくのではないか。

少年時代に韓国で接した支配者としての日本人。戦後の日本留学で出会った、恩師や友人としての日本人。人生のなかで、日本人の明と暗の側面を深く体験してきた朴さんのアプローチは、交渉の結果はもちろん、経緯そのものも、文化財を返還する・しないという問題ではなく、民間で始まった日本と韓国における歴史の共同作業としてとらえるべきではないだろうか。いわゆる民族主義的に一方的に返還を叫ぶのではなく、互いの立場に思いを馳せながら事態をより良い方向に持って行こうと努力する成熟した態度の前で、私たちは「新しい日本人」たりうるのかどうかが問われているように思われる。

文化財返還問題と「日韓条約」

利川五重石塔の例が象徴的に示しているように、文化財の「返還」が容易ではない最大の理由が一九六五年の日韓基本条約の存在だ。この条約では、日本が韓国に経済協力資金を提供することで妥結する一方、植民地支配に対する賠償問題、いわゆる請求権に関する問題は「完全かつ最終的に解決」されたことを両国政府が確認した。さらに、これに付随する「韓国との文化財・文化協定」で、韓国側から提示されていた文化財返還要求リストのうち、日本側が一部を韓国側に「引き渡」したことで、文化財返還問題も国際法上決着を見た形になり、相手国・国民に対して文化財の返還を求めることは法的にできなくなった。「返還」ではなく「引き渡す」とした今回の日本政府による儀軌引き渡しも、「法的な問題はすべて解決済みとの立場から、お渡しするという表現にした」（菅直人前総理大臣）として、あくまで自発的・一方的な行為であることを明らかにしている。

ところで、利川五重石塔は当初返還要求リストに挙がっていたが、民間所有だったためか最終的に返還品目から除外された。また、「朝鮮王朝儀軌」にいたっては、リストにすら挙がっていなかった。これは、韓国側が宮内庁の儀軌の存在について明確に把握していなかった可能性を示唆している。その後、国家所有であった儀軌は、国により「自発的に」引き渡されることになったが、五重石塔のような民間所有の文化財がどう扱われるべきなのかはきわめて曖昧なままだ。

「韓国との文化財・文化協定」の最後部には、次のような文章が付記されている。

「韓国側代表は、日本国民の私有の韓国に由来する文化財が韓国側に寄贈されることになることを希望する旨を述べた。日本側代表は、日本国民がその所有するこれらの文化財を自発的に韓国側に寄贈することは日韓両国間の文化協力の増進に寄与することにもなるので、政府としてはこれを勧奨するものであると述べた」
つまり、日本政府としては民間所有の文化財が韓国側に寄贈されることを勧奨する、とする文章だ。この何やら意味深な文章が、協定中の条文ではなく最後の方におまけのように付記されているのはなぜなのか。

その男性は、約束の時間にソウル市内のホテルのロビーに現れた。白髪が年齢を感じさせるが、髭を蓄えた精悍な顔つきは往年の活躍を感じさせる。八十八歳になる方熙《パン・ヒ》さん。日韓交渉妥結当時の駐日代表部公使で、文化財問題を議論する分科委員会では韓国側の首席代表を務めた人だ。「韓国との文化財・文化協定」に直筆の署名を残す方熙さんその人に、当時の交渉の様子を聞くことができた。方さんは、ご高齢ながら大変矍鑠《かくしゃく》とされ、記憶も鮮明であった。

日韓交渉は幾度かの中断を繰り返しながら、十四年の長きにわたって続いた。当時の交渉の雰囲気について問うたのに対し、方さんは、文化財をめぐる分科会の議論は連日深夜早朝まで続けられ、体力がもたなかったという思い出から語り始めた。

「あの頃は、文字どおり『マラソン会談』でしてね。代表団のメンバーはとにかくみな疲弊していましたよ。あるとき、専門委員の黄壽永《ファン・スヨン》先生の助言でランク付けした韓国の陶磁器を十個返してくれといったら、日本の担当者はいったんわかりましたと同意しておきながら、後になって慌てて取り消してくれと求めてきました。『非常に疲れていて判断を誤った』ということとでした」

方さんの話のなかで印象に残ったのは、「文化財」はすべての分科会のなかで最も後回しにされた、ということだった。交渉の議題は、財産および請求権問題、漁業権、在日韓国人の法的地位問題など多岐にわたっていたが、このうちもっとも重要視されたのが請求権問題、もっとも等閑視されたのが文化財だったというのだ。韓国では、歴史学者らで構成された震檀学会が、解放後（終戦後）いち早く日本政府に対する文化財返還要求を行っている。しかし、民族主義に燃えていくら文化財の返還を求めても、当時、最貧国レベルの経済状態だった韓国にとっては、まずは経済面での妥結を急いだことは、ある意味やむを得ない、選択肢はほかにない、という状況だったのではないだろうか。

このことについての方さんのエピソードが興味深い。日本から韓国への経済協力で妥結を見たとき、文化財に関する分科会ではまだ議論の真っ最中だった。

「突然、『条約に調印するので早く総理大臣官邸に来い』と呼び出されました。外に出てみると、私の車も運転手もいません。慌ててタクシーで官邸に乗り付けましたが、普段はタクシーに乗ったことなどないため、料金を払い忘れて後から運転手に追いかけられ、官邸の守衛にも呼び止められました。やっと官邸に入ると、すぐ調印すると言われたのに、『竹島』をめぐってまだ紛糾が続いていましたよ」

「竹島」はともかく、交渉は妥結した。ところで、その際、日本から韓国に引き渡された千三百点あまりの文化財のなかには、逓信関係品として地下足袋や切手なども含まれていた。こうしたものまで一点と数えていたのだ。私たちは韓国の郵政博物館で実際にこれらの「返還された文化財」を目にしたが、確かに当時の郵便の様子を知ることができる資料だとしても、「文化財」と見るかどうかは意見が分かれるだろうと感じた。方さんも当時、「何でこんなものが文化財なのか」と訝《いぶか》しんだという。

経済面での妥結を急ぐ雰囲気のなかで、文化財をめぐる議論は中途半端に終わらざるを得なかった。十分に議論を尽くしていないからといって、条約締結を遅らせる理由にはならなかった。

悔しさとあきらめの入り交じるなか、交渉妥結を祝って開かれた那須高原でのパーティーの席でのこと。石井光次郎衆議院議員（当時。後に衆議院議長）から「あなたがほしかったのはこれでしょう」と一枚の覚書を渡された。そこに書かれてあった内容こそ、「民間所有の文化財の寄贈を日本政府は勧奨する」との一文だった。このとき方さんは「民間の文化財については国交正常化後に努力するしかない」と思ったという。

交渉の当事者として、民間文化財の扱いは常に心に引っかかっていたという方さん。一九六八年、韓国全羅南道《チョルラナムド》にある孤児施設「木浦《モクポ》共生園」園長の田内千鶴子氏が死去したときのことだ。

「まだ若い衆議院議員だった安倍晋太郎さんが、田内さんの弔問に行きたいとビザを申請しにきましたが、私は拒否しました。そのときこの『覚書』を提示して『これをどうしますか』と詰問したことがあります。民間の文化財問題を何とかしたいという一念でしたが、その後私自身がアフリカに転出することになり、後任者への引き継ぎも結局できなかったんです」

方さんは、こうしたエピソードを最近体験したことであるかのように事細かに語った。しかしながら、「テレビカメラの前で証言を残していただきたい」というお願いには、ついぞ応えていただけなかった。話したことはいかように使ってもいいが、テレビインタビューには応じないと頑なだった。結局のところ仕事をやり残したままになっているという自責の思いがあったのだろうか。文化財交渉を中途半端に切り上げざるを得なかったことについて、その当事者にしかわからない悔しさがあるのだろうと想像されたが、当時の交渉現場を知るほとんど唯一の貴重な証言者であるだけに、どこかでまたお話を伺う機会をいただけることを願っている。

文化財問題を急いで切り上げる形で終結した日韓交渉。民間所有の文化財については、一九六五年当時のまま、つまり、議論がほとんどなされていないままといっていい。韓国側の要求に応じ、「韓国への寄贈を勧奨する」との覚書をかろうじて協定のなかに入れた日本政府が、その後特段の措置をとった形跡はない。こうしたなかで、利川五重石塔のような民間所有の文化財問題に私たちはどう向き合っていくべきなのだろうか。「両国政府は両国民間の文化関係を増進させるためできる限り協力を行う」とうたう「韓国との文化財・文化協定」の精神によるならば、日本にある韓国の文化財にとどまらず、韓国にある日本の貴重な文化財についても必然的に議論の余地が生まれてくるはずである。併合百年を越え、新たな百年の一歩を踏み出した日本と韓国において、その際には感情的な議論ではなく、客観的な調査とその結果に基づく冷静な議論が求められる。そして、利川五重石塔の返還交渉は、まさにその最初のケーススタディとして進行中である。

宮内庁にしかない儀軌が四部ある？

「宮内庁にある儀軌はすべてコピーなのに、返す必要があるのか」

「韓国は朝鮮戦争で儀軌をすべて焼失したから、日本にある儀軌を返せと言っているのだ」

二〇一一年八月、「朝鮮遺産　百年の流転」の放送後、「ネットでそう書かれているが本当か」という問い合わせがＮＨＫに寄せられた。いずれも全くの誤解である。儀軌が作られたのは、コピーもスキャンもない時代である。紛失を防ぐために最初から複数の儀軌が作られたが、すべてひとつひとつ人の手によって書かれ、作られたものである。また、これも既に述べた通り、韓国にはソウル大学と韓国学中央研究院に合計三千冊以上の儀軌がある。

こうした全くの誤解の一方で、関係者の間でも、まことしやかに言われていた情報があった。

「韓国にもフランスにもない、日本の宮内庁だけにある儀軌が四部あるらしい」

取材を始めた当初に聞いた話である。その根拠は韓国人研究者の書いた一編の論文であった。しかし、その四部がどの儀軌なのかは論文には書かれておらず、誰も把握できずにいた。

私たちはそれを突き止めるべく、宮内庁にある百六十七冊の儀軌が韓国やフランスにあるかどうか、リストをもとに付き合わせてみた。まずは、儀軌が作られた年代と、その題名から可能性を絞り込んだ。候補として浮かび上がったものの多くは、「上號」や「尊號」の儀軌であった。これらは、王や王妃の「尊号」を変更した際に作られる儀軌である。宮内庁とソウル大学奎章閣、韓国学中央研究院にある儀軌の中身を一冊ずつ照合した結果、宮内庁にしかない儀軌は一冊もないことが明らかになった。

「尊号」にまつわるこれらの儀軌は、同時にあるいは短い期間に、複数の王や王妃等の尊号を変更した際には、一冊にまとめて記されていることが多い。そのすべての人物の名前が、正確にリストに記されていないものがあり、そのために韓国人研究者は別物と勘違いしたようだ。「同じ儀軌が韓国にあるなら、返す必要などないではないか」という意見も多々耳にした。しかし、全く同じ物はないのだということも、この照合作業の過程で改めてわかってきた。

日韓仏の儀軌を比べてみると

私たちは、こうして、日本、韓国、フランス、それぞれの儀軌を取材、撮影することとなっ

左は韓国の儀軌に描かれた人物図。右はフランス国立図書館のもの

た。既に述べたように、朝鮮王朝の儀軌は、宴などの際には印刷のものを大量に作っていたが、それ以外は一冊一冊手作りだ。隊列のなかに登場する数千もの人々の絵も、書き手によって、随分と作風が異なっている。

　右の図は、フランス国立図書館にあった儀軌に描かれていたもの。馬に乗る人物の横顔は鼻が高く、輪郭がはっきりしている。一方、左は韓国の、ある儀軌の絵である。馬上の人の横顔は、描写が簡素でぼんやりした印象だ。

　また、全く同じときに作られた同じ内容の儀軌にも違いがある。日本と韓国にある「明成皇后国葬都監儀軌」は、高宗の妃で日本人公使に暗殺されたといわれる「閔妃《ミンピ》」の葬儀を記した儀軌である。ふたつの儀軌では、描かれている輿の色が異なっている。おそらくは、どちらかが塗り間違えたのではないかと思うが、人の手によればこその違いである。

　ソウル大学奎章閣には「明成皇后国葬都監儀軌」が複数冊あり、その通し番号を見ると、１３８７９、１３８８０、１３８８１、１３８８３、１３８８４と連番になっているが、「１３８８２」

だけが抜けている。

では、「13882」はどこにあるのか。宮内庁にある「明成皇后国葬都監儀軌」の番号を見ると、予想通り「13882」であった。朝鮮総督府が韓国併合直後から行った書籍整理で通し番号を付けた際にはセットであったものの、その一部が宮内省に渡ったためだ。宮内庁にある百六十七冊の儀軌と韓国の儀軌の通し番号を見比べると、いずれもこうした関係にあることがわかる。戦後、ソウル大学が、朝鮮総督府の付けた通し番号をそのまま踏襲して図書ラベルを作ったために、歴史を語る証となったのだ。

すべてはフランスから始まった

日本と韓国にある儀軌が文字通りひとつのセットから分かれたものであるのに対し、フランスの儀軌は関連性が薄いように見える。しかし、実は、フランス国立図書館にあった儀軌の発見なくして、その後の宮内庁の儀軌発見も、今回の日仏の儀軌の帰還もなかったのだ。

朝鮮でフランス人宣教師が殺害されたことへの報復として一八六六年、江華島を襲ったフランス軍は、ここにあった史庫に辿り着いた。四千五百冊ほどあった書籍のなかから、およそ三百冊の儀軌を選び出し、史庫に火を放った。

この軍を率いたロズ提督の手紙が、フランス海軍博物館に残されている。

ロズ提督は江華島に上陸する際、歴史的・科学的に価値ある文化財を探すための特別隊を任命したという。

「国のものと見られる倉庫に囲まれた、非常にエレガントな建造物があった。（中略）我々は、そこで国の重要古文書を入手した。その文書は好奇心をかき立てるもので、朝鮮の歴史の秘密、伝説や文学を解き明かす鍵になる文書であると思った。

皇帝に捧げるために、この貴重なコレクションを持ち帰ろう。皇帝はこれらを帝国図書館に保存すると決断されるに違いない」

既に述べたように、ここにあった儀軌は国王が見るために作られた特に美しいものだ。ロズ提督の心も奪ったようだ。

時の皇帝は、ナポレオン三世。儀軌を見て喜んだかどうかは記録にないが、献上された儀軌はロズ提督の希望通り、国立図書館の前身である帝国図書館に所蔵されることとなった。

しかし、その存在は、長年、韓国でもフランスでも知られていなかった。それを突き止めたのは、一人の韓国人女性研究者であった。ソウル大学で学んだ朴炳善《パク・ビョンソン》女史は、一九五五年、フランス留学を前に、教授から「一八六六年に持ち出された朝鮮王朝の記録がフランスにあるかもしれない。何とか探してほしい」と言われていた。探し続けること二十年。ベルサイユにあるフランス国立図書館の別館に、「中国の古い記録がある」と聞き、もしやと思った女史が見てみると、まさに探し続けていた儀軌であったという。漢字で書かれた儀軌を、フランス人は

「中国の古文書」と思って保管していたらしい。

儀軌があることを知った韓国は返還を求めるが、進展は全くなかった。しかし、更に二十年近くを経て、儀軌はにわかに脚光を浴びる。一九九三年、高速鉄道の導入を決めた韓国に対し、日本の新幹線とフランスのTGVが売り込み攻勢をかけるなか、古書好きで知られる当時のミッテラン大統領は、一冊の儀軌を手に韓国での首脳会談に臨んだ。そして「他国の文化財返還要求はすべて拒絶しましたが、韓国の要求にだけは応じることにしましょう」と、金泳三《キム・ヨンサム》大統領(当時)に直接、儀軌を手渡したのだ。儀軌を「見せるだけ」だと思って同行していたフランス国立図書館の学芸員は、その場で気を失い倒れてしまったという。そしてフランスは、見事TGVの受注に成功した。儀軌は国際ビジネスの切り札となったのだ。しかし、フランスには「国有財産」である文化財は譲渡できないとする国内法がある。そのため、このときの一冊以外の儀軌は韓国に戻らず、両国の間で延々と交渉が続くことになった。

この一連の騒動で儀軌の存在を知ることになった研究者の朴相国《パク・サングク》氏は、六年後の一九九九年、宮内庁書陵部の蔵書を調査していて、儀軌が日本にもあることを初めて知った。これが発端となって、日本の儀軌に対する返還運動が韓国で始まることになる。

異なる時期に異なる目的で、全く別々に持ち出され、別々に存在していた日本とフランスの儀軌。外交筋は「互いに相手の動きには常に目を配ってきた」と言う。

二〇一〇年一一月、韓国に儀軌を「長期貸与」するとサルコジ大統領が発表したのは、日韓が横浜で「日韓図書協定」に署名する、わずか二日前のことであった。私たちの取材に対し、「すべての儀軌をスキャンし、デジタル化の作業を完了するには、あと何年もかかる」と語っていたフランス国立図書館の学芸員にとって、その発表は寝耳に水であったという。

文化遺産をめぐる世界の変化

日本とフランスの相次ぐ儀軌引き渡しの発表に触発されたかのように、二〇一一年、ある文化遺産が百年ぶりに祖国帰還を果たしている。日本が東日本大震災の衝撃に包まれていた三月三〇日、地球の反対側ペルーの首都リマでは、アメリカから戻ってきたマチュピチュ遺跡の出土品を大統領自らが出迎えていた。

世界遺産にも登録されているマチュピチュの遺跡群は、一九一一年に、アメリカ人考古学者ハイラム・ビンガムによって発掘され、母校エール大学の博物館に収蔵されていた。ペルー政府は二〇〇三年から返還を求めてきたが、遺跡発見から百年を前にした二〇一〇年秋、ペルーのガルシア大統領がオバマ大統領に宛てて返還を求める書簡を送っている。エール大学は書簡との関係を否定しているが、ともかく、マチュピチュ遺跡の出土品三百六十点あまりは、こうして百年ぶりの帰還を果たすことになったのである。

二〇一〇年春にエジプトで開かれた「文化財の保護と返還のための国際会議」から一年半。その間に、各国が優先的に返還を求めていくとした文化財が複数、「原産国」に戻ることとなったのだ。二〇一一年春に予定されていた第二回目の会議はギリシャかエジプトで開催されるといわれていたが、エジプトをはじめとする中東の民主化革命やギリシャの経済危機で見送られた。次回開催されれば、ペルーのマチュピチュ遺跡と共に、日本とフランスから韓国に戻った「朝鮮王朝儀軌」の事例が報告されることであろう。

帝国主義時代に海外に流出した文化遺産をもとの場所に戻そうとする動きは近年、活発化している。国際法の観点から見れば、流出文化財の問題は、持ち出された当時に解決しなければならず、現在の所有者には返還の義務はない。そのため、大英博物館やルーブル美術館は「ここにあるからこそ、誰もが一度に見ることができる」と、世界中から寄せられる返還要求を断ってきた。しかし、それだけでは済まない時代になりつつある。背景には、中国やインドをはじめとした文化遺産の「原産国」が国際社会で存在感を増す一方で、日米欧など従来の先進国の力が相対的に低下し、両者の関係が大きく変化していることがある。

「文化遺産は、常に富と力のあるところに流れてきた」と専門家は指摘する。世界規模でパワーバランスが変化するなか、文化遺産の流れにも変化が生じ始めたということであろうか。

儀軌が問いかける新たな日韓関係

日韓両国の関係に目を転じても、韓国併合時代には文化財の持ち出しを許可するのは朝鮮の王家でも民衆でもなく、朝鮮総督府であった。そして、一九六五年の日韓条約の交渉では、日本側の失言で会議が膠着すると、「独立のはなむけに」文化財でも渡そうか、という声が日本側から上がったほどだ。

しかし今回、「朝鮮王朝儀軌」をはじめとする千二百五冊の図書を引き渡すことを決めた日本と韓国の関係は、当時とは大きく異なっていることは言うまでもない。

「流出文化財は怨念の固まり」と指摘する専門家もいる。いずれの文化財にも、それがもともとあった国と現在保有する国との間に、複雑な歴史や経緯、記憶があるからだという。「朝鮮王朝儀軌」も、日韓の狭間で翻弄された主《あるじ》・朝鮮王朝李王家の人々――高宗、純宗、李垠や方子、幼くして亡くなったその息子の晋――の存在があり、それと共に数奇な運命を辿った。時にもてはやされ、時に忘れられながら。

歳月を積み重ねて生み出され、民族の魂や誇りを象徴する文化遺産をめぐって、私たちは対立を続けるのか、それとも文化遺産をきっかけに対話を重ね、歴史を見つめ直して、互いを理解していくのか。百年の時を越えて儀軌が祖国に戻ったとき、日韓両国はどんな未来を紡いでいくのか。儀軌は静かに問いかけている。

（木村洋一郎／天川恵美子）

❖宮内庁書陵部所蔵「儀軌」リスト

	タイトル	数量（冊）	元号（西暦）	王代	史庫別	宮内庁書陵部分類番号	朝鮮総督府図書番号	ソウル大奎章閣請求記号	蔵書閣請求記号	別目録との異同	備考
1	〔哲宗大王〕祔廟都監儀軌	1	同治五（一八六六）	高宗3	太白山本	305-70	朝13855	奎13854 奎13856 奎13857 奎13858	K2-2264 K2-2265 K2-2266	同治四年？	一九二〇年以前に貸付分
2	同治二年癸亥十二月〔哲宗大王〕殯殿魂殿都監儀軌（一～三）	3	同治二（一八六三）	哲宗14 高宗即	五台山本	305-71	朝13848	奎13846 奎13847 奎13849 奎14850	K2-3026/2 K2-3027		
3	同治二年癸亥十二月〔哲宗大王〕國葬都監儀軌（一～四）	4	同治二（一八六三）	哲宗14 高宗即	五台山本	305-72	朝13842	奎13843 奎13844 奎13845 奎14870	K2-3022		
4	〔哲宗大王〕睿陵山陵都監儀軌（上・下）	2	同治三（一八六四）	高宗1	五台山本	305-73	朝13850	奎13851 奎13852 奎13853 奎13959 奎14827		同治二年？	
5	〔哲宗〕睿陵山陵都監儀軌（上・下）	2	光緒四（一八七八）	高宗15	五台山本	305-74	朝13870	奎13871 奎13872 奎13873			「光緒四年五月」の内刊記あり
6	光緒六年庚辰五月〔哲仁王后〕祔廟都監儀軌（全）	1	光緒六（一八八〇）	高宗17	太白山本	305-75	朝13877	奎13874 奎13875 奎13876 奎13878	K2-2262 K2-2263		

7	光緒四年戊寅五月〔哲仁王后〕國葬都監儀軌（一～四）	4	光緒四（一八七八）	高宗15	鼎足山本	305-76	朝13862	奎13859 奎13860 奎13861 奎13863			
8	光緒四年戊寅五月〔哲仁王后〕殯殿魂殿都監儀軌（上・中・下）	3	光緒四（一八七八）	高宗15	五台山本	305-77	朝13864	奎13865 奎13866 奎13867 奎13868 奎13869 奎14846	K2-3021		
9	光緒八年壬午二月王世子嘉禮都監儀軌（上・下）	2	光緒八（一八八二）	高宗19	太白山本	305-78	朝13173	奎13174 奎13175 奎13176 奎13177 奎13178	K2-2678		
10	光緒元年丙午十二月王世子冊禮都監儀軌	1	光緒元（一八七五）	高宗12		305-79	朝13167	奎13168 奎13169 奎13170 奎13171 奎13172	K2-2691		義禁府旧蔵本か？（表紙の破損により難読）
11	〔李太王明成后〕嘉禮都監儀軌	2	同治五（一八六六）	高宗3	五台山本	305-80	朝13154	奎13153 奎13155 奎13156 奎13157 奎15078	K2-2599		一九二〇年以前に貸付分
12	光武十年丙午十二月皇太子嘉禮都監儀軌（上・下）	2	光武十（一九〇六）	高宗43	五台山本	305-81	朝13185	奎13179 奎13180 奎13181 奎13182 奎13183 奎13184 奎13186			

	タイトル	数量（冊）	元号（西暦）	王代	史庫別	宮内庁書陵部分類番号	朝鮮総督府図書番号	ソウル大奎章閣請求記号	蔵書閣請求記号	別目録との異同	備考
13	光緒十六年庚寅四月〔文祖神貞王后〕國葬都監儀軌（上・下）	4	光緒十六（一八九〇）	高宗27	五台山本	305-82	朝13735	奎13736 奎13737 奎13738 奎13739 奎13740			
14	〔文祖神貞王后〕綏陵山陵都監儀軌（上・下）	2	光緒十八（一八九二）	高宗29	五台山本	305-83	朝13748	奎13749 奎13750 奎13751 奎13752 奎13753 奎14829		光緒十六年？	
15	光武四年庚子正月〔文祖〕綏陵陵上莎草改修都監儀軌（上・中・下）	1	光武四（一九〇〇）	高宗37	鼎足山本	305-84	朝13782	奎13779 奎13780 奎13781 奎13783		光武三年？	
16	光緒十六年庚寅四月〔神貞王后〕殯殿魂殿都監儀軌（上・中・下）	3	光緒十六（一八九〇）	高宗27	五台山本	305-85	朝13741	奎13742 奎13743 奎13744 奎13745 奎13746 奎13747 奎14847			
17	光緒十八年壬辰六月〔神貞王后〕祔廟都監儀軌（全）	1	光緒十八（一八九二）	高宗29	五台山本	305-86	※剥落 朝13756か？	奎13754 奎13755 奎13757 奎13758	K2-2253 K2-2254		

18	開國五百四年乙未十月〔明成皇后〕國葬都監儀軌（一～四）	4	開国五百四（一八九五）	高宗32	五台山本	305-87	朝13882	奎13879 奎13880 奎13881 奎13883 奎13884 奎14868			
19	開國五百四年乙未十月〔明成皇后〕洪陵山陵都監儀軌（上・下）	2	開国五百四（一八九五）	高宗32	鼎足山本	305-88	朝13891	奎13891 奎13892 奎13893 奎13894			
20	光武七年癸卯五月〔明成皇后〕洪陵石儀重修都監儀軌	1	光武七（一九〇三）	高宗40	五台山本	305-89	朝13896	奎13895 奎13896 奎13897 奎13898 奎13899			書陵部本とソウル大奎章閣で図書番号が同一か？
21	開國五百四年乙未十月〔明成皇后〕殯殿魂殿都監儀軌（上・中・下）	3	開国五百四（一八九五）	高宗32	五台山本	305-90	朝13886	奎13885 奎13887 奎13888 奎13889 奎13890 奎14858			
22	影幀摹寫都監補完儀軌	1	光武四（一九〇〇）	高宗37		305-91	朝13985	奎13984			
23	〔憲宗他〕影幀摹寫都監儀軌	1	光武五（一九〇一）	高宗38	鼎足山本	305-92	朝13993	奎13990 奎13992 奎13994	K2-2765 K2-2768		

	タイトル	数量（冊）	元号（西暦）	王代	史庫別	宮内庁書陵部分類番号	朝鮮総督府図書番号	ソウル大奎章閣請求記号	蔵書閣請求記号	別目録との異同	備考
24	〔太祖他〕影幀摹寫都監儀軌	1	光武四（一九〇〇）	高宗37	五台山本	305-93	朝13987	奎13982 奎13983 奎13986 奎13988 奎13989 奎15069	K2-2766 K2-2767		
25	國朝寶鑑監印所儀軌	1	隆熙三（一九〇九）	純宗3	奎章閣	305-94	朝14199	奎14187 奎14188 奎14198 奎14950	K2-3680 K2-3682 K2-3683		
26	〔李太王丙子〕寶印所都監儀軌	1	光緒三（一八七七）	高宗14	五台山本	305-95	朝14213	奎14212 奎14214 奎14215 奎14216 奎14217 奎14218 奎14219	K3-568	光緒二年？	
27	光緒四年庚午十二月 景福宮 璿源殿 昌德宮 璿源殿 増建都監儀軌（全）	1	光武四（一九〇〇）	高宗37	五台山本	305-96	※剝落 朝14236か？	奎14230 奎14231 奎14232 奎14233 奎14234 奎14235 奎14919	K2-3558 K2-3592		
28	璿源譜略修正儀軌	1	光武八（一九〇四）	高宗41		305-97	朝14142	奎14143 奎14144 奎14145 奎14146			国漢文

29	璿源譜略修正儀軌	1	光武十一（一九〇七）	高宗44	奎章閣	305-98	朝14147	奎14148 奎14149 奎14150 奎14151			※表紙に表題の墨書なし／国漢文
30	日記廳儀軌	1	光緒十六（一八九〇）	高宗27	承政院	305-99	朝14204	奎14205			
31	元子阿只氏藏胎儀軌	1	同治十三（一八七四）	高宗11		305-100	朝13975	奎13975			書陵部本とソウル大奎章閣で図書番号が同一か？
32	光武八年甲辰九月〔純明妃〕裕康園 園所都監儀軌（上・下）	2	光武八（一九〇四）	高宗41	五台山本	305-101	朝13912	奎13913 奎13914 奎13915 奎13916 奎13917 奎14834			
33	光武八年甲辰九月純明妃殯殿魂殿都監一房儀軌 殯殿魂殿都監二房儀軌 殯殿魂殿都監三房儀軌 殯殿魂殿都監別工作儀軌 殯殿魂殿都監都廳儀軌	5	光武八（一九〇四）	高宗41	五台山本	305-102	朝13907	奎13906 奎13908 奎13909 奎13910 奎13911 奎14859			

	タイトル	数量（冊）	元号（西暦）	王代	史庫別	宮内庁書陵部分類番号	朝鮮総督府図書番号	ソウル大奎章閣請求記号	蔵書閣請求記号	別目録との異同	備考
34	光武八年甲辰九月 〔純明妃〕國葬都監儀軌（一～四）	4	光武八（一九〇四）	高宗41	五台山本	305-103	朝13905	奎13900 奎13901 奎13902 奎13903 奎13904 奎14873			
35	光武八《ママ》年癸卯十一月 〔孝定王后〕景陵山陵都監儀軌（上・下）	2	光武七（一九〇三）	高宗42	五台山本	305-104	朝13830	奎13829 奎13831 奎13832 奎13833 奎13834 奎14828			内記には「光武七年癸卯十一月」とあり
36	光武七年癸卯十一月 〔孝定王后〕殯殿魂殿都監廳儀軌	1	光武九（一九〇五）	高宗42	五台山本	305-105	朝13821	奎13819 奎13822 奎13823 奎13824 奎13828 奎14843			305-105は、306-2（朝13820）の一部
37	〔孝定王后〕祔廟都監儀軌	1	光武十（一九〇六）	高宗43	五台山本	305-106	朝13840	奎13835 奎13836 奎13837 奎13838 奎13839 奎13841	K2-2272 K2-2273	光武九年？	
38	兩墓所 肇慶壇濬慶墓永慶墓營建廳儀軌（上・下）	2	光武五（一九〇一）	高宗38	太白山本	305-107	朝14252	奎14251 奎14253 奎14254 奎14255 奎14256 奎14257 奎14258	K2-3581 K2-3582		

39	〔英祖大王〕廟號都監儀軌	1	光緒十七（一八九一）	高宗28	五台山本	305-108	朝13305	奎13300 奎13301 奎13302 奎13303 奎13304	K2-3062	光緒十六年？
40	進封皇貴妃儀軌	1	光武七（一九〇三）	高宗40	五台山本	305-109	朝13210	奎13211 奎13212 奎13213 奎13214 奎13215 奎13216	K2-2712 K2-2713	
41	〔淳妃〕冊封儀軌	1	光武五（一九〇一）	高宗38	五台山本	305-110	朝13208	奎13203 奎13204 奎13205 奎13206 奎13209	K2-2654 K2-2655	
42	〔純明妃〕追封皇后進封皇后儀軌	1	隆熙元（一九〇七）	純宗1	五台山本	305-111	朝13191	奎13187 奎13188 奎13189 奎13190 奎13192 奎13193 奎13194 奎13195		
43	獻懿大院王追封 純穆大院妃追封 完孝憲王追封 義王妃冊封 〔大院王完王義王〕追封冊封儀軌	1	隆熙元（一九〇七）	純宗1	五台山本	305-112	朝13221	奎13217 奎13218 奎13219 奎13220 奎13222 奎13223 奎13224 奎13225		

	タイトル	数量（冊）	元号（西暦）	王代	史庫別	宮内庁書陵部分類番号	朝鮮総督府図書番号	ソウル大奎章閣請求記号	蔵書閣請求記号	別目録との異同	備考
44	光武四年庚子七月〔義王英王〕冊封儀軌	1	光武四（一九〇〇）	高宗37	五台山本	305-113	朝13227	奎13226 奎13228 奎13229 奎13230 奎13231 奎13232	K2-2704		
45	慶運宮重建都監儀軌	2	隆熙元（一九〇七）	純宗1	五台山本	305-114	朝14331	奎14328 奎14329 奎14330 奎14332 奎14333 奎14918		光武十年？	
46	中和殿營建都監儀軌	1	隆熙元（一九〇七）	純宗1	五台山本	305-115	朝14344	奎14345 奎14346 奎14347 奎14348 奎14349 奎14914		光武八年？	
47	昌慶宮營建都監儀軌	1	道光十四（一八三四）	純祖34	太白山本	305-116	朝14323	奎14324 奎14325 奎14326 奎14327	K2-3597		
48	永禧殿營建都監儀軌	1	光武四（一九〇〇）	高宗37	五台山本	305-117	朝14245	奎14242 奎14243 奎14244 奎14246 奎14247 奎14248 奎14249 奎14916	K2-3575 K2-3576		

49	眞殿重建都監儀軌	1	光武五（一九〇一）	高宗38	鼎足山本	305-118	朝14240	奎14238 奎14239 奎14241 奎14242 奎14917	K2-3594		
50	〔文祖六尊〕上號都監儀軌	1	光緒十（一八八四）	高宗21		305-119	朝13418	奎13412 奎13413 奎13414 奎13415 奎13416 奎13417	K2-2821	光緒元年？	
51	同治十二年癸酉四月〔文祖神貞后十二〕上尊號都監儀軌	1	同治十二（一八七三）	高宗10	鼎足山本	305-120	朝13457	古4206-19 奎13454 奎13455 奎13456 奎13458 奎13459			
52	光緒十八年七月 翼宗大王 神貞王后 大殿 王大妃殿 中宮殿加上尊號〔憲宗孝定后〕上號都監儀軌	1	光緒十八（一八九二）	高宗29	五台山本	305-121	朝13428	奎13425 奎13426 奎13427 奎13429	K2-2822		
53	〔憲宗哲宗再尊〕上號都監儀軌	1	同治五（一八六六）	高宗3	太白山本	305-122	朝13407	奎13408 奎13409 奎13410 奎13411	K2-2820		一九二〇年以前に貸付分

	タイトル	数量（冊）	元号（西暦）	王代	史庫別	宮内庁書陵部分類番号	朝鮮総督府図書番号	ソウル大奎章閣請求記号	蔵書閣請求記号	別目録との異同	備考
54	〔孝定后〕上號都監儀軌	1	光武六（一九〇二）	高宗39	五台山本	305-123	朝13436	奎13430 奎13431 奎13432 奎13433 奎13434 奎13435	K2-2824		
55	上號都監儀軌	1	光武四（一九〇〇）	高宗37	五台山本	305-124	朝13251	奎13246 奎13247 奎13248 奎13249 奎13250	K2-2823		
56	〔孝定后〕加上尊號都監儀軌	1	光緒十七（一八九一）	高宗28	五台山本	305-125	※剥落 朝13477か？	奎13474 奎13475 奎13476 奎13478	K2-2794	光緒十六年？	
57	〔孝定后〕加上尊號都監儀軌	1	光緒十七（一八九一）	高宗28	五台山本	305-126	朝13465	奎13460 奎13461 奎13462 奎13463 奎13464 奎13466	K2-2792	光緒十四年？	
58	尊崇都監儀軌	1	同治五（一八六六）	高宗3	鼎足山本	305-127	朝13451	奎13448 奎13449 奎13450 奎13452 奎13453	K2-2791		一九二〇年以前に貸付分

59	追上尊號都監儀軌	1	光緒十六（一八九〇）	高宗27	五台山本	305-128	朝13419	奎13420 奎13421 奎13422 奎13423 奎13424	K2-2848	
60	〔眞宗憲宗哲宗皇帝〕追尊〔時〕儀軌	1	隆熙二（一九〇八）	純宗2	五台山本	305-129	朝13333	奎13330 奎13331 奎13332 奎13334 奎13335 奎13336	K2-4830	
61	〔太祖荘祖正祖純祖文祖皇帝〕追尊〔時〕儀軌	1	光武五（一九〇一）	高宗38	五台山本	305-130	朝13237	奎13236 奎13238 奎13239 奎13240 奎13241 奎13242	K2-2854 K2-2855	光武三年？
62	尊奉都監儀軌〔太皇帝尊奉皇太子冊礼都監儀軌〕	1	隆熙元（一九〇七）	純宗1	五台山本	305-131	朝13161	奎13158 奎13159 奎13160 奎13162 奎13163 奎13164 奎13165 奎13166		
63	大禮儀軌	1	光武元（一八九七）	高宗34	五台山本	305-132	朝13485	奎13484 奎13486 奎13487 奎13488 奎13489	K2-2626 K2-2627	

	タイトル	数量（冊）	元号（西暦）	王代	史庫別	宮内庁書陵部分類番号	朝鮮総督府図書番号	ソウル大奎章閣請求記号	蔵書閣請求記号	別目録との異同	備考
64	〔孝定王后〕國葬都監儀軌	4	光武七（一九〇三）	高宗40	五台山本	306-1	朝13813	奎13814 奎13815 奎13816 奎13817 奎13818 奎14860			
65	〔孝定王后〕殯殿魂殿都監一房儀軌 殯殿魂殿都監二房儀軌 殯殿魂殿都監三房儀軌 殯殿魂殿都監別工作儀軌	4	光武七（一九〇三）	高宗40	五台山本	306-2	朝13820	奎13819 奎13822 奎13823 奎13824 奎13828 奎14843			305-105（朝13821）はこの一部
66	丁丑 進饌儀軌（一～四）	4	光緒十六（一八九〇）	高宗27		306-32	朝14377	奎14376～14400	K2-2875		ソウル大奎章閣に同本二十二冊
67	丁亥 進饌儀軌（五～八）	4	光緒十六（一八九〇）	高宗27		306-33	朝14403	奎14404～14424	K2-2876 K2-2877		ソウル大奎章閣に同本二十一冊
68	壬辰 進饌儀軌（一～四）	4	光緒十八（一八九二）	高宗29		306-34	朝14430	奎14428～14441	K2-2878 K2-2879 K2-2880		ソウル大奎章閣に同本十三冊
69	辛丑 進饌儀軌（一～四）	4	光武五（一九〇一）	高宗38		306-35	朝14445	奎14446～14458	K2-2881		ソウル大奎章閣に同本十三冊

70	〔李太王辛丑〕進宴儀軌	4	光武五（一九〇一）	高宗38		306・36	朝14463	奎14464〜14478	K2-2868		ソウル大奎章閣に同本十五冊
71	〔李太王壬寅〕進宴儀軌	4	光武六（一九〇二）	高宗39		306・37	朝14481	奎14479〜14512	K2-2869		ソウル大奎章閣に同本三十二冊（306・38と合算）
72	〔李太王壬寅〕進宴儀軌	4	光武六（一九〇二）	高宗39		306・38	朝14498	（71と共通）	K2-2869 K2-2867 K2-2871		複本一部あり
73	宮園儀	2	乾隆四十五（一七八〇）	正祖4		306・39	朝14303	奎14301 奎14302 奎14304 奎14305	K2-2428		
74	華城城役儀軌	9	嘉慶五（一八〇〇）	正祖24	鼎足山本	306・40	朝14587	奎14586 奎14591 奎14591 奎14592 奎14595			朝14590は京畿道庁に移管 朝14594は朝鮮総督府博物館へ移管
75	〔園行乙卯〕整理儀軌	8	乾隆六十（一七九五）	正祖19	太白山本	306・41	朝14523	奎14518〜14532	K2-2897 K2-2898		ソウル大奎章閣に同本十三冊
76	永興本宮儀式	1	乾隆六十（一七九五）	正祖19		306・42	朝14282	奎14283〜14300	K2-2465 K2-2466		ソウル大奎章閣に同本十七冊
77	咸興本宮儀式	1	乾隆六十（一七九五）	正祖19		306・43	朝14272	奎14267〜14281	K2-2496 K2-2497		ソウル大奎章閣に同本十二冊
78	皇壇従享儀軌	1	乾隆二十九（一七六四）	英祖40		306・44	朝14317	奎14316 古5123・4		純祖二十二（一八二二）？	

	タイトル	数量（冊）	元号（西暦）	王代	史庫別	宮内庁書陵部分類番号	朝鮮総督府図書番号	ソウル大奎章閣請求記号	蔵書閣請求記号	別目録との異同	備考
79	**皇壇儀**	2	乾隆十二（一七四七）	英祖23		306-45	朝14307	奎14308 奎14309			
80	**皇壇増修儀**	2	乾隆十四（一七四九）	英祖25		306-46	朝14313	奎14310 奎14311 奎14312 奎14314 古5123-3			
81	**〔癸酉〕（康寧殿）進爵儀軌**	1	（一八七三）	高宗10		306-47	朝14375	奎14375-2	K2-2861		「大正十一年三月 朝鮮總督府所藏原本ヲ以テ影寫ス」 ※日韓図書協定では対象外
82	**〔戊申〕進饌儀軌**	4	道光二十九（一八四九）	憲宗15		306-48		奎14372 奎14373 奎14516	K2-2874	憲宗十四年？	大正六年八月の購入印／木版本

【凡例】一、図書のタイトルは可能な限り原本表紙の表記に依ったが、便宜的に内容や内題をかっこ内に追記した場合もある。

一、各儀軌に貼付されている「朝鮮総督府」の図書番号は宮内庁所蔵の原本にあたって照合を行った。

一、作成にあたっては以下の文献を参照した。

✥『和漢圖書分類目録』上／下（宮内庁書陵部、一九五二年三月／一九五三年三月）

✥『海外典籍文化財調査目録 日本宮内廳書陵部韓國本目録』（韓国海外典籍調査研究会、二〇〇一年十二月）

✥韓永愚『조선왕조 의궤（儀軌）—국가의례와 기록—』〔朝鮮王朝儀軌—国家儀礼と記録—〕（ソウル、一志社、二〇〇五年七月）

※本リストの作成にあたっては天川恵美子・川西裕也両氏の多大な助力を賜ったことを記しておきたい。（永島広紀）

リストを見る際のポイント❶

「儀軌」の種類いろいろ

儀軌の各タイトルには、ちょっと見慣れない言葉が付されています。以下に代表的なものをピックアップして簡単にご説明しましょう。

「**祔廟**」…国王と王妃の喪に際し、三年間の服喪期間が過ぎた後に、その位牌を「宗廟」（いまでもソウル市内の昌徳宮・昌慶宮に隣接する、歴代王・王妃の位牌を安置する廟）に運び入れる儀式を「祔」といい、それを取り仕切った臨時官庁が「祔廟都監」です。

「**殯殿**」…出棺までの間、王・王妃の霊柩を安置しておく「もがり」の場所です。

「**魂殿**」…三年間の喪中、先王・先王妃の位牌を安置しておく場所です。

「**山陵**」…儒式では土葬を行うことから墓地は必然的に「山」となりますので、これが転じて山（因山）／山陵といえば国王・王妃の「お墓／墓所」ということになりました。「山陵都監」とはその葬礼にかかわる関連施設の造営を取り仕切る臨時庁のこととなります。なお、リストの32に見える「園（所）」とは王世子《おうせいし》・王世子妃らの墓所のことです。

「**嘉礼**」…国王ないしは王世子の婚礼を意味します。「嘉礼都監」は同じくその儀式一般を取り仕切った臨時庁です。

「**世子冊礼**」…王子が世継ぎとしての「王世子」に冊立されることです。日本の皇室でいえば、継承順位に従いその筆頭の宮様が皇太子になられる儀式である「立太子の礼」のことになります。

「**影幀摹寫**」…国王の肖像画を制作することです。

「**蔵胎**」…王妃が王子を出産後に、その後産で生じた胎盤を縁起のよい山に埋めにいくことです。リストの31にみえる「元子」とは国王の嫡男のことで、また「阿只」とは韓国語の「アギ（赤ちゃん）」に漢字を当てたものです。ですので「元子阿只氏」とは、言わば「若君様」的な意味となります。

「**進宴／進饌**」…宮中の設宴には内容によって「進豊」「進宴」「進饌」「進爵」という四タイプが

ありました。この式次第を記録した儀軌は、他の儀軌とは異なり、相当な部数が木活字で印刷されて、臣下たちに配られました。今風に考えれば、巨大で分厚いメニュー表・宴会プログラム・座席表ということになります。なんとも豪勢な話ですね。

「咸興本宮／永興本宮」…朝鮮国王である李氏の一族は「全州李氏」、つまり韓国南西部の全羅北道・全州をその「本貫（日本の本籍地に似るが、変更は不可などかなり違う）」としますが、初代の国王である太祖・李成桂の出身地は実のところ、いまの北朝鮮に編入されている咸鏡南道・咸興でありました。また咸興に近い永興は李成桂の父親の旧宅があった土地です。76・77には「儀軌」というタイトルが付されていませんが、朝鮮王朝は太祖の故地にも宮殿を置いて、その位牌を祭っていたことから、儀軌に準じた記録と見なされました。

「皇壇」…「大報壇」あるいは「圜丘壇」とも呼ばれます。いまでもソウル市内・ウェスティンホテルの中庭で保存されており、観光スポットになっています。中国・北京にある「天壇」の縮小版でありまして、皇帝／国王が天に向かって拝礼を行った場所ということになります。ただ朝鮮の場合は、「慕華」「崇明」、すなわち女真族である清朝に面従腹背しつつ、朝鮮にとって正統にして最後の中華帝国である明の太祖・朱元璋（洪武帝）らを祭った場所でありました。また高宗が大韓帝国の皇帝に即位したときに、ここでその儀式が行われた場所でもあります。

リストを見る際のポイント❷

朝鮮王朝の歴史

リストの縦軸に入っている用語を通して、朝鮮王朝の歴史背景を解説します。

「元号」…清朝の冊封を受けていた朝鮮は、長らく中国皇帝の元号を使用していました。それが近代になると、日清戦争をきっかけにしてまず一八九四年から「開国紀年」と呼ばれる一三九二年の李朝建国の年を起点とする独自の年号を作ります。さらに一八九六年には朝鮮国王が皇帝への即位を宣言して、清朝の冊封から抜け出たことを内外に知らしめます。このとき、「建陽」という元号を制定し、さらに翌一八九七年からは改めて「光武」という元号を使用しました。光武年号は十一年間にわたって使われますが、「ハーグ密使事件」で高宗が退位し、息子の純宗が皇帝に即位した一九〇七年の途中から今度は「隆熙」年号が使用されました。そして、この隆熙年号は四年目にして一九一〇年の韓国併合をもって廃止されました。

「**王代**」…「○宗」「○祖」の次にアラビア数字があるのは、各王が即位した年を起点とした、これも一種の年号として使われる表記です。清朝の元号では、朝鮮の国王が誰なのかよくわからないために、便宜的にしばしば使われています。なお、リストの3に見える「哲宗14・高宗即」とあるのは、第二十五代国王の哲宗が一八六三年十二月に薨去し、翌年の一月から高宗の在位年数のカウントが始まるために、このタイムラグを「即位年」と表記することによります。ちなみにこれを「踰年《ゆねん》称元法」と呼び、即位後にすぐに改元を行うことを「立年称元法」といいます。日本は伝統的に後者を採用してきました（昭和六十四年がわずか一週間で終わったことを読者の皆さんもご記憶でしょう）。そして、一九〇七年の皇帝即位時には後者にのっとり改元が行われました。

「**史庫別**」…本書にも登場する朝鮮王朝の地方史庫は四か所にあり、宮内庁書陵部の儀軌はその多くが「五台山史庫」にあったものでした。リストにも見えるとおり、「太白山」「鼎足山」の史庫本もいくつか含まれていますが、もう一つの「赤裳山」史庫本は含まれていません。赤裳山本は、他の史庫本とは異なり、まずは王宮の一つである昌慶宮に運び込まれ、そのまま李王家（李王職）によって管理されていたために、朝鮮総督府による図書整理の対象には含まれませんでした。リスト中に「蔵書閣請求記号」とありますのが、その赤裳山本を引き継ぐ、韓国学中央研究院・蔵書閣の図書番号ということになります。

なお、25・29に見える「奎章閣」は、本書に登場するソウル大学の「奎章閣韓国学研究院」ではなく、かつて昌徳宮内にあった、いわば王朝のメイン史庫としてのそれです。この奎章閣本は朝鮮総督府による整理対象に含まれていました。リスト内で「ソウル大奎章閣」とあるのは、「ソウル大学校奎章閣韓国学研究院」所蔵を意味しますので、なにとぞお間違えなく。

（永島広紀）

❖王公族実録編纂関係図書リスト

書名	冊数	元号（西暦）	王代	発行元	宮内庁図書番号	備考
璿源譜略	1	一八八二			306・49	大正八年十月の購入印
康寧殿夜進爵儀軌 李堈公家記録	1				306・50	「大正十一年三月一日原本ニ依リテ之ヲ謄寫シアル」／「實録編修用紙」使用
王子師傅相見儀 李堈公家記録	1				306・51	「大正十一年三月一日原本ニ依リテ之ヲ謄寫シアル」／「實録編修用紙」使用
納采儀 同牢宴儀 李堈公家記録	1				306・52	「大正十一年三月一日原本ニ依リテ之ヲ謄寫シアル」
義原君爀行状等 李堈公家記録	1				306・53	「大正十一年三月一日原本ニ依リテ之ヲ謄寫シアル」／「宮内省」罫紙使用
珠淵選集	1				306・54	
又石詩稿	1				306・55	大正十一年三月写
李熹公略譜	1	一九一九			306・56	「大正八年七月八日編修　大正九年四月三十日補正」
李埈公略譜	1	一九一九			306・57	「大正八年七月八日編修　大正九年五月十日補正」／「王族及公族實録編修擔任圖書寮囑託 淺見倫太郎（印）」
李埈公詩稿	1				306・58	「大正十一年三月一日原本ニ依リテ之ヲ謄寫シアル」／「宮内省」罫紙使用

李埈公従宦録	1				306-59	「大正九年十月三十一日原本ニ依リ影寫ス」
李埈公従宦録	1				306-60	※306-59の副本
李熹公従宦録	3				306-61	「大正九年十月三十一日原本ニ依リ影寫ス」
『法規類纂』	9	一八九八・一九〇一		議政府総務局	306-62	線装本・活版
『洪陵遷奉日程』	1	一九一九		李王職	306-63	活版・日本語／大正十一年二月編入
『(李㷩王)御葬内儀次第』		一九一九		李太王御葬儀所	306-64	線装・活版／大正十一年二月編入
『(李㷩王)御葬内式諸儀』		一九一九		李太王御葬儀所	306-65	線装・活版／大正十一年二月編入
『昌徳宮全圖』	1	一九一五			306-66	冊子体
『宮内府記録總目録』		一九〇九			306-67	
「李熹公・李埈公警衛日記」	13	一九一一〜一九一七			306-68	
(旧韓国)『官報』					306-69	(十一部五十冊)
揚武原従功臣録券	1				306-70	「昭和十年十二月十八日用度費購入」

書名	冊数	元号（西暦）	王代	発行元	宮内庁図書番号	備考
大典會通	5	一八六五	高宗2		306・71	
大典會通	5	一八六五	高宗2		306・72	
〔五先生〕禮説分類	7				306・73	「昭和十一年一月十四日用度費購入」
圃隱先生分類	2				306・74	「昭和十一年一月十四日用度費購入」
資治通鑑綱目	1				306・75	「昭和十年十一月十三日用度費購入」
國朝寶鑑	28	一九〇九			306・76	
增補文獻備考	50	隆熙二（一九〇八）	純宗2		306・77	
李朝實録	889				306・78	京城帝大版

コラム

有賀啓太郎と朝鮮総督府「参事官室」の図書整理

なぜ朝鮮王朝の儀軌が宮内庁書陵部に保管されるようになったかを知るための重要な鍵となった佐賀県立名護屋城博物館所蔵の「朝鮮総督府資料」。この資料は、同博物館が研究資料を収集する活動の一環として、古書店から割合近年に購入されたものでした。この資料の原蔵者が誰かは定かではないですが、おそらく遺族や縁故者が売りに出したか、あるいは処分したかで古書市場に流れたもののようであります。

そしてこの資料の主は「有賀啓太郎」氏。詳しい経歴は明らかではありませんが、名護屋城博物館のその資料ボックスの中には彼の略歴を記した書類も含まれていました。

それによれば有賀は旧制の長野県尋常中学校（現・県立長野高校）から現在の早稲田

大学である東京専門学校の法科を経て明治二六（一八九三）年から裁判所の書記に採用されています。さらに農商務省の特許局において審査官補という属官を務めたあと、明治四一（一九〇八）年からは韓国統監府内に置かれた特許局の審査官に転任していたとのことです。おそらく専門知識と実務経験とを活かして特許関係の事務を処理する弁理士的な役割であったのだと思われます。生没年は未詳ですが、学卒の時期から推測しますと、おそらく韓国併合当時で四十歳を少し過ぎた頃だったのではないでしょうか。

有賀は一九一〇年八月の韓国併合後も、そのまま韓国統監府から朝鮮総督府の官吏に採用されます。総督府での配属先は「取調局」でした。この取調局というのは、元来大韓帝国期において朝鮮社会の法慣行を中心とする旧慣調査を行っていた「法典調査局」を引き継いだ組織です。そして併合後間もなく総督官房に置かれた「参事官室」にスタッフともども編制替えとなりました。

取調局時代から引き続き参事官室での調査事業を統括していた人物は小田幹治郎（一八七五～一九二九）という兵庫県出身の事務官でした。さらにこの小田の下で属官として彼の手足となってさまざまな業務を行っていたのが有賀啓太郎だったのです。

小田は近代日本における民法の整備で名高い梅謙次郎の教え子の一人で、「和仏法律学校」の卒業生でした。この和仏法律学校とは現在の法政大学です。梅は東京帝国大学での講義の傍ら、私学での法曹育成にも熱心に取り組んでおり、また韓国統監である伊藤博文の依頼によって、一九〇六年からは朝鮮半島の不動産法調査に従事しますが、その際、自分のスタッフとして、小田をはじめとする和仏法律学校の教え子たちを数多く動員していました。

小田は学校を卒業後、しばらくは司法官（判事）として長野の裁判所に勤務していましたが、おそらく恩師である梅の推挙によって、まずは大韓帝国の裁判官（法務補佐官）として平安北道《ピョンアンプクト》・定州《チョンジュ》の法院（裁判所）に勤務しています。やがて彼は法典調査局に異動となり、梅の下で調査活動を行い、併合後も引き続き旧慣調査事業に従事しています。なお、梅謙次郎は、併合直前である一九一〇年八月二十五日に調査で訪れていた韓国で病を得て、そのまま不帰の客となりました。

小田幹治郎はこの後、短期間で超人的な仕事ぶりを見せることになります。まず取り組んだのが「図書整理」でありました。

京城（ソウル）の王宮や官庁、あるいは地方の史庫に分散保管されていた「実録」や「儀軌」をはじめとする旧朝鮮王朝・大韓帝国の歴史記録物を、まずは一挙に京城の総督府に集めます。もちろん、本書にも登場する「五台山史庫」の実録や儀軌も、まずは小田をはじめとする参事官室のスタッフたちによって京城に運び込まれました。そして集められた膨大な分量の典籍には「四部分類」、つまり「経（儒教経典）」部、「史（歴史書）」部、「子（諸子百家）」部、「集（詩文集）」部というカテゴリーからなる伝統的な図書分類法に基づく振り分けを施し、またそれぞれに図書番号を付していきました。本書一二三ページに掲載されている朝鮮総督府の図書ラベルに刻印されたアラビア数字がまさにそれです。つまり、宮内省図書寮と朝鮮総督府のあいだで取り交わされた儀軌移管をめぐるやりとりも、すべてこの番号を介して行われていたのです。

小田が手掛けた仕事はこれだけにとどまりません。『朝鮮語辞典』や『朝鮮人名辞書』といった今でも研究者たちが手放すことが出来ない基本的な辞典類の編纂を指揮したのも小田幹治郎でした。矢継ぎ早に、しかもまさに不眠不休でさまざまな仕事をこなしていった様子が、彼の没後に編まれた追悼録でも語られています。もちろんそうした精力的な仕事ぶりを支えたのは有賀啓太郎ら小田の下僚たちでした。

なお、名護屋城博物館所蔵の有賀資料には、地方での調査に際して、小田から有賀に宛てて送られた書簡や電報の束が一緒に残されています。これらを読むと、あれこれと細かな指示を、次々に行っていたことが窺えます。おそらく年下であったろう上司から、いろいろと雑多な業務を命じられて、出張先の宿で「ハァ」とひとり溜息をつく部下……、という場面がもしかしたらあったかもしれません。

参事官室はやがて総督府の機構改編にともない廃止され、収集した大量の資料群は学務局（朝鮮総督府で教育行政全体を担当したセクション）に移管となりました。また「旧慣調査」の方はこれから切り離され、旧王朝の高官出身者たちで構成される総督府の諮問機関である「中枢院」内に新設される「調査課」に移されていくことになりました。小田や有賀も、これにともなって中枢院調査課に異動となっています。

さて、大量の書籍をはじめとする膨大な歴史資料群を抱えることになった学務局ですが、さすがにその置き場には困っていたようです。

折から朝鮮内では新しい「帝国大学」を設置する動きが本格化していた時期でありました。そしてついに一九二四年には京城帝国大学が開学の産声を上げます。そして学務局内にあった保管資料は、大学附属図書館へ最終的に運び込まれていきました。その文書群を一括して所蔵することになる図書館は、これらに特殊コレクションとしての「奎章閣」という名称を付けました。奎章閣とは旧王宮である「昌慶宮」内に置かれた御文庫の名前でした。そして今では、京城帝大の旧蔵書を引き継ぐソウル大学の「奎章閣」（現・奎章閣韓国学研究院）としてその名をとどめているのです。

（永島広紀）

コラム

王公族は創氏改名した？

創氏改名は朝鮮人に対する日本名の押し付けというイメージが先行し、日本の「同化政策」の代表格として悪名の高いものです。はたして、韓国併合によって日本に創設された王公族も創氏改名したのでしょうか。

まずは、イメージによってかなり誤解されている創氏改名が、具体的にどのような制度だったのかについて整理しておきましょう。創氏改名は「創氏」と「改名」に分けられます。創氏とは読んで字のごとく、「氏」を創ることです。

朝鮮では名の上に付くのは「姓」です。姓は男系血族によって継承され、血族以外の者は排除されます。たとえば、李さんに嫁いだ朴さんは李さんと血がつながっていないので朴さんのままであり、その二人の間に生まれた子は李さん（男系）の血を継いでいるので、李を名乗ることになります。

これに対して、日本で名の上に付くのは「氏」です。明治政府は一八九八年に民法を制定して戸主を中心とした家制度を確立し、家の構成員は戸主と同じ氏を名乗るようにしました。佐藤さんに嫁いだ鈴木さんは佐藤さんになり、その子も佐藤さんになるのです。また逆に、鈴木さんの家に佐藤さんが婿として入れば、佐藤さんは鈴木さんになり、その子も鈴木さんになります。すなわち、創氏とはこの日本の家制度を朝鮮に持ち込むことを意味しました。

日本は一九三九年に「朝鮮民事令」を改正し、六か月以内に氏を決めて役所へ届け出ること、六か月経っても届け出ない者は自動的に姓が氏になることを定めました。そしてこの法改正による創氏を一九四〇年二月一一日の紀元節から実施したのです。

一九四〇年二月一一日から八月一〇日までの半年間に届け出た場合は日本風の氏を名乗ることも認められ、朝鮮人の李さんが佐藤や鈴木を氏にしてもかまいませんでした。さらにこの日本風の氏に対して名も日本風に変える権利が与えられました。これが「改名」です。

四〇年八月一〇日までに届け出なかった者については家長の姓がそのまま氏となりました（李さんの場合は李を氏とする）。六か月以内に届け出た者も、姓をそのまま氏にしてもよく、また改名は任意（ただし手数料がかかる）でしたので、創氏改名後も表記上は何ら変わらない人が多数いたのです。

氏も名も日本風にした者としては、「朝鮮近代文学の祖」として名高い李光洙《イ・ガンス》こと香山光郎などがいます。氏のみ日本風にし、名は改めなかった者としては、福岡で獄死した詩人・尹東柱《ユン・ドンジュ》こと平沼東柱などがいました。また、姓をそのまま氏にし、名も改めなかった者としては、日本陸軍の中将まで登りつめた洪思翊《ホン・サイク》などが有名です。

なお、日本風の氏名の設定に対する強制性・非強制性については諸説ありますが、本コラムの趣旨と関係ないので、ここでは言及しません。

＊

では、朝鮮人である王公族もこの創氏改名を行ったのでしょうか。答えは否です。その理由は何でしょうか？

一九二六年一二月一日、王公族を国法上に位置づける王公家軌範がついに制定されます。この第一一二条で「親族ニ関スル一般ノ法令ハ本令其ノ他ノ皇室令ニ別段ノ定アル場合ヲ除クノ外王公族ニ之ヲ適用セス」と規定され、王公族には民法も朝鮮民事令も適用されないことになりました。創氏改名は朝鮮民事令の改正によって実施されたので、王公族はその対象から除外されたのです。

また、そもそも王公族は皇族の礼遇が保障された身分であり、姓（氏）を持っていませんでした。なぜならば、日本の姓（氏）は天皇から臣民に賜与されるものであって、天皇や皇族はそれを持たないからです。たとえば、昭和天皇は裕仁、今上天皇は明仁というように持っているのは名のみなのです。ちなみに、梨本宮方子のように名の上に付いている「梨本宮」とは宮号であって氏ではありません。

一九二七年制定の「王公族譜規程」にもとづいて作成された「王族譜」「公族譜」（天皇および皇族の身分や系譜を登録した「皇統譜」に体裁が似ている）には王公族の名のみが記されています。皇族の礼遇が保障された王公族の氏（姓）は、登録簿から省かれたのです。それゆえ、梨本宮方子と結婚した李垠《イ・ウン》や宗武志と結婚した李徳恵《イ・ドッケ》の「李」は研究書などで便宜的に表記されているだけであり、法的には「垠」「徳恵」が正しいのです。

以上をまとめると、王公族には朝鮮民事令が適用されず、また皇族と同様に位置づけられて氏（姓）がなかったので、創氏改名の対象ではなかったということになります。

王公族も創氏改名したのかという興味深い疑問点を始めて提起したのは金英達「朝鮮王公族の法的地位について」（『青丘学術論集』第一四集、一九九九年）です。詳細を知りたい方は一読されることをお勧めします。

＊

王公族のなかで李鍵《イ・ゴン》が桃山虔一を名乗ったことはよく知られています。しかし、このことは創氏改名とは関係ありません。

李鍵は一九〇九年一〇月二八日に李堈《イ・ガン》と鄭《チョン》氏の間に生まれ、幼名を勇吉といいました。一九三〇年に陸軍士官学校を第四二期で卒業し、その後騎兵科に進んで三八年に陸軍大学校を第五一期で卒業しています。この間、三一年一〇月五日に伯爵広橋真光《ただみつ》の養妹誠子と結婚し、沖、沂、沃子をもうけました。

一九四五年の日本の敗戦を経て、一九四七年五月二日に最後の勅令として「外国人登録令」が公布されると、日本にいた王公族は外国人となりました。李鍵はその翌日に日本式の桃山虔一に改名し、五五年三月一日には日本に帰化して日本国籍を取得します。

彼が日本風に改名し帰化したのは、敗戦当初から日本人になることを望んでいたからでした。高松宮宣仁（昭和天皇の弟）には「公族ナドトハ日韓合併ノ残リモノナレバ、コノ際ソレヲヤメテ自分ハ日本人ニナリタイ」（『高松宮日記』第八巻）と訴えていました。し、木戸幸一内大臣に送った書簡では「朝鮮人の儘で日本人の間に伍して暮すことは苦痛であります」「帰化をして日本人になり得ることにも特別の配慮をせられたい」（『木戸幸一文書』国立国会図書館憲政資料室所蔵）とまで述べていたのです。

なお、桃山は明治天皇の墓所「伏見桃山陵」から取ったと推測されます。


（新城道彦）

❖日本―朝鮮関係略年表

西暦	主なできごと
一八六四年	朝鮮王朝第二十六代高宗が即位、父である大院君が摂政に
一八六六年	フランス艦隊が江華島へ侵入（丙寅洋擾）、外奎章閣に保管していた御覧用の儀軌などが略奪される
一八六七年	大政奉還
一八六八年	明治維新
一八七一年	アメリカ艦隊が江華島に侵攻、一部を占領（辛未洋擾） 日清修好条規締結
一八七三年	大院君政権がたおれ、閔氏政権が成立
一八七五年	日本の軍艦・雲揚が朝鮮半島・江華島の守備隊と交戦（江華島事件）
一八七六年	日朝修好条規締結。朝鮮は釜山などを開港し、門戸開放する。また、朝鮮は英・米・独・仏など欧米諸国とも修好通商条約を結ぶ
一八八二年	朝鮮軍人の暴動が民衆にも広がり、日本公使館が包囲・襲撃される（壬午軍乱）
一八八四年	開化派の金玉均らによるクーデターが起こる（甲申政変）

一八九四年	朝鮮半島南西部で甲午農民戦争（東学党の乱）起こる
一八九五年	日本、清に宣戦を布告。日清戦争勃発
	日清講和条約調印。排日を図りつつあった王妃閔妃が日本人によって殺害される
一八九七年	高宗が皇帝に即位し、国号を大韓に改める
一九〇四年	日露戦争勃発
	日韓議定書調印
	第一次日韓協約調印、財務顧問と外交顧問を置き、保護国化を進める
一九〇五年	日露講和条約（ポーツマス条約）調印。日露戦争終結
	第二次日韓協約調印。日本は韓国の外交権を握り、保護国とする
	韓国統監府を設置し、初代の統監に伊藤博文を任命
一九〇七年	ハーグ密使事件。高宗が退位し、純宗が即位
	第三次日韓協約調印。日本は韓国の内政・司法・警察権を掌握する
一九〇九年	伊藤博文がハルビンで暗殺される
一九一〇年	「韓国併合ニ関スル条約」調印、韓国併合。朝鮮半島を日本の統治下に置く
	旧韓国皇室は「李王家」となる
一九一二年	明治天皇崩御、大正天皇即位
一九一四年	第一次世界大戦開始（〜一九一八）
一九一六年	王世子李垠と梨本宮方子の婚約が報じられる

一九一九年　高宗（李太王）薨去、三・一独立運動が勃発
一九二〇年　李垠と梨本宮方子が結婚
一九二一年　李垠と方子に第一子・晋が生まれる（翌年に早世）
一九二二年　朝鮮総督府が東京の宮内省に儀軌を寄贈
一九二三年　関東大震災
一九二六年　純宗（李王）薨去。垠が李王を襲位する
　　　　　　大正天皇崩御、昭和天皇即位
一九三一年　李垠・方子に第二子・玖が生まれる
一九三二年　桜田門事件（李奉昌による天皇の暗殺未遂事件）が起きる
　　　　　　満洲国建国
一九三七年　日中戦争勃発
一九四一年　太平洋戦争勃発
一九四五年　第二次世界大戦が終結し、日本はポツダム宣言を受諾
一九四七年　王公家軌範が失効し、王公族の身分が消滅する
一九四八年　朝鮮半島南部に大韓民国、北部に朝鮮民主主義人民共和国が成立
一九五〇年　朝鮮戦争勃発
一九五三年　朝鮮戦争の休戦協定が結ばれる
一九六五年　日韓基本条約調印、日韓国交正常化

✤李王家系図

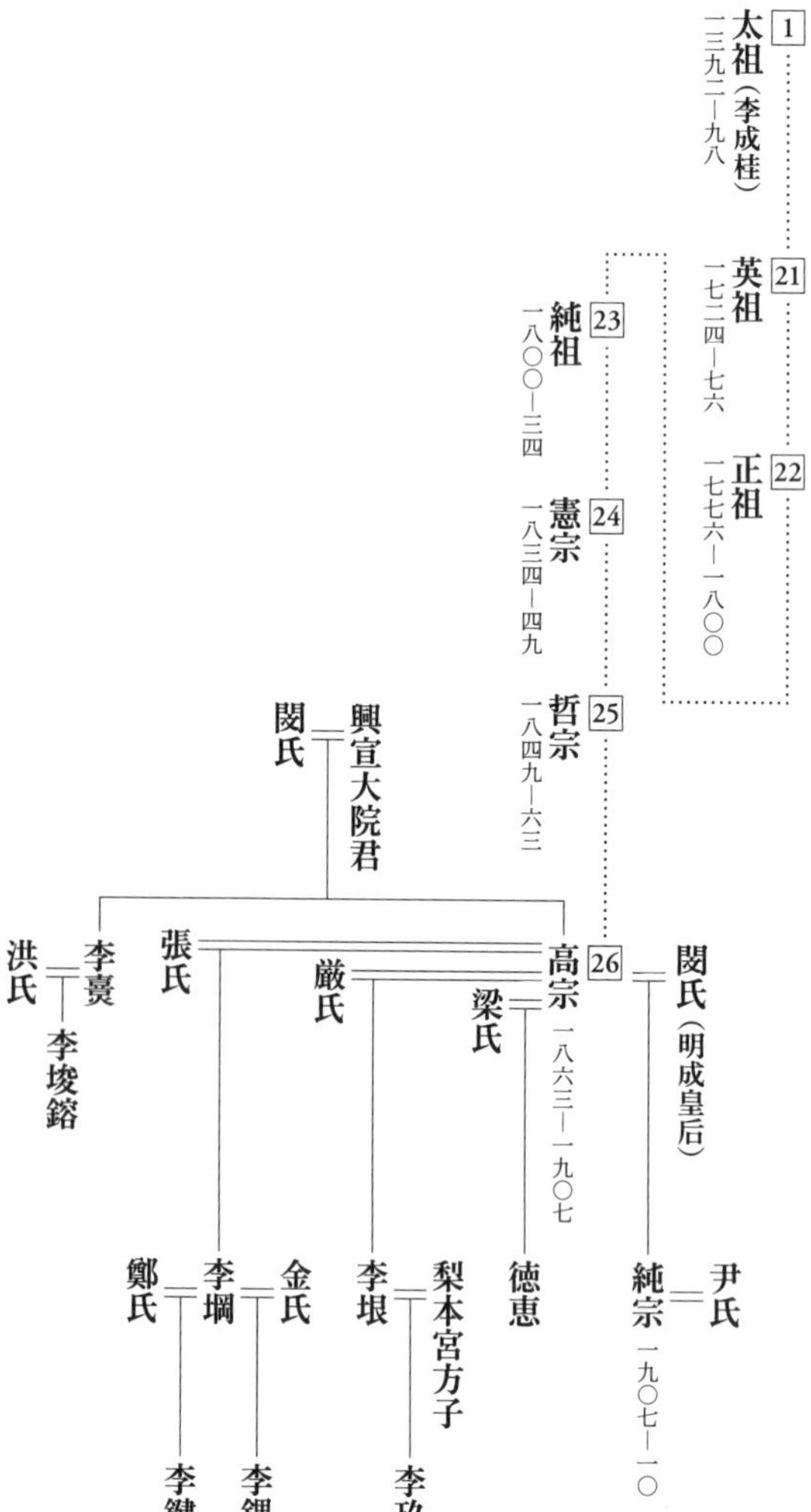

年号は在位年
1 2 などは王位継承順位

❖執筆者紹介

伊藤良司―いとう・りょうじ
一九八八年、NHK入局。二〇〇九年よりソウル支局長。手がけた主な番組に、クローズアップ現代「緊迫の朝鮮半島～北朝鮮砲撃の波紋」（二〇一〇年）、NHKスペシャル　プロジェクトJAPANシリーズ「日本と朝鮮半島　日韓関係はこうして築かれた」（二〇一〇年）、金賢姫《キム・ヒョンヒ》元死刑囚・単独インタビュー（二〇〇九年）などがある。

天川恵美子―あまがわ・えみこ
一九九〇年、NHK入局。二〇一一年より首都圏放送センター、チーフ・プロデューサー。手がけた主な番組に、NHKスペシャル「長崎　映像の証言～よみがえる115枚のネガ」（一九九五年）、同「インドの衝撃　わき上がる頭脳パワー」（二〇〇七年）、クローズアップ現代「〝文明の遺産〟めぐる攻防」（二〇一〇年）などがある。

木村洋一郎―きむら・よういちろう
一九九八年、NHK入局。二〇〇九年よりソウル特派員（ディレクター）。手がけた主な番組に、NHKスペシャル「イルボンノレをうたう～のど自慢イン・ソウル」（二〇〇五年）、同「ドキュメント北朝鮮」（二〇〇六年）、クローズアップ現代「待ち続けた面会～金賢姫と拉致被害者家族～」（二〇〇九年）など。二度にわたり黄長燁《ファン・ジャンヨプ》元朝鮮労働党書記に単独インタビューした。

✣論稿執筆者紹介

永島広紀―ながしま・ひろき

佐賀大学文化教育学部准教授。主な著書に『戦時期朝鮮における「新体制」と京城帝国大学』（ゆまに書房）、『大韓民国の物語』（翻訳／文藝春秋）、『植民地帝国人物叢書 朝鮮編』全20巻（編／ゆまに書房）などがある。

新城道彦―しんじょう・みちひこ

九州大学韓国研究センター助教。主な著書に『天皇の韓国併合』（法政大学出版局）が、主な著作に「王公族の創設と日本の対韓政策――「合意的国際条約」としての韓国併合」（『東アジア近代史』第一四号、二〇一一年三月）などがある。

❖放送記録

朝鮮遺産　百年の流転

二〇一一年八月一九日放送

資料提供―宮内庁書陵部　国立公文書館　国立国会図書館　東京国立博物館　大倉集古館　佐賀県立名護屋城博物館　斉藤實記念館　国書刊行会　ソウル大学奎章閣韓国学研究院　韓国国立中央図書館　朝鮮王室儀軌還収委員会　利川五層石塔還収委員会　大英博物館　フランス国立図書館　朝日新聞社　共同通信社　小田部雄次　宮田節子

取材協力―全州李氏大同宗約院　景福宮
語り―広瀬修子　花村さやか
声の出演―小林勝也　関輝雄
撮影―松田和司
音声―神山豊　赤井田卓郎
映像技術―北村和也

リサーチャー―チョン・ミョンギュ　小杉美樹
音響効果―松田勇起
編集―金田一成
取材―伊藤良司　来葉隆子
ディレクター―木村洋一郎　坂井俊介
制作統括―天川恵美子　関英祐

朝鮮王朝「儀軌」百年の流転

二〇一一（平成二三）年一〇月二五日　第一刷発行

編著者―NHK取材班　

発行者―溝口明秀
発行所―NHK出版
〒一五〇-八〇八一　東京都渋谷区宇田川町四一-一
電話　〇三-三七八〇-三三一八（編集）
〇五七〇-〇〇〇-三二一（販売）
ホームページ　http://www.nhk-book.co.jp
携帯電話サイト　http://www.nhk-book-k.jp
振替　〇〇一一〇-一-四九七〇一

印刷―大熊整美堂／啓文堂
製本―田中製本

Printed in Japan ISBN 978-4-14-081496-3 C0022

NHK出版の本

日本と朝鮮半島2000年　下

NHK「日本と朝鮮半島2000年」プロジェクト 編著

積み重ねられてきた互いの歴史がここに

モンゴル帝国や秀吉の侵略、周辺国に翻弄される朝鮮の姿、「朝鮮通信使」や福澤諭吉による近代化支援の実情など、複眼的な視点から双方の交流の姿を考察する。いまなおへだたりのある歴史認識と、その溝を埋めるべく進む歴史共同研究。最新の知見を余すことなく紹介する。